Peter Zimmerling

Der Ruf der Wüste

Charles de Foucauld – ein herausforderndes Leben

BRUNNEN
VERLAG GIESSEN · BASEL

Mix
Produktgruppe aus vorbildlich bewirtschafteten Wäldern und anderen kontrollierten Herkünften
www.fsc.org Zert.-Nr. GFA-COC-1278
© 1996 Forest Stewardship Council

www.brunnen-verlag.de
Umschlagfoto: Photocase
Umschlaggestaltung: Ralf Simon
Satz: DTP Brunnen
Druck und Bindung: CPI – Ebner & Spiegel, Ulm
ISBN 978-3-7655-1983-3

Inhalt

Vorwort

Charles de Foucauld (1858–1916) gehört zu den beeindruckendsten Christen des vergangenen Jahrhunderts. Sein 150. Geburtstag im Jahr 2008 bietet eine willkommene Gelegenheit, sich mit der Person und dem Werk dieses im evangelischen Raum bisher wenig bekannten katholischen Märtyrers näher zu beschäftigen. Seine radikale Liebe zu Jesus Christus lässt die konfessionellen Unterschiede seiner Spiritualität zurücktreten und macht ihn zu einem Brückenbauer zwischen den Konfessionen. Sein ungewöhnliches Leben ist ebenso Anregung wie Herausforderung für jeden, der ernsthaft fragt, wie Nachfolge Jesu heute aussehen kann.

Aus einer frommen französischen Adelsfamilie stammend, führte sein Weg zunächst zum Militär. Eine Forschungsreise durch das damals noch wenig erforschte Marokko, die er unter abenteuerlichen Umständen durchführte, veränderte jedoch sein Leben nachhaltig. In den kommenden Jahrzehnten bis zu seinem gewaltsamen Lebensende wurden Syrien, Palästina und Algerien zu seiner Heimat. Tief beeindruckt von der

Frömmigkeit der marokkanischen Muslime fand er zum christlichen Glauben seiner Kindheit zurück und stellte fortan sein Leben in den Dienst Jesu. In einer rein muslimischen Umgebung wollte er durch das Vorbild der radikalen Nachfolge Muslimen den Weg zum christlichen Glauben eröffnen. Entscheidend für die Berufung Charles de Foucaulds wurde das Leben des irdischen Jesus, das Leben, das Jesus vor seiner öffentlichen Wirksamkeit als Handwerker in Nazareth geführt hatte. So wie er zu leben – arm und unerkannt von der Welt –, das wurde zur Grundorientierung für Charles de Foucauld.

Zeit seines Lebens sehnte er sich nach Gefährten, die mit ihm zusammen den Weg dieser besonderen Berufung gehen würden. Doch niemand schloss sich ihm auf Dauer an. Einsam starb Foucauld während des Ersten Weltkriegs in der algerischen Sahara, ohne dass die Öffentlichkeit davon Notiz genommen hätte. Erst die vier Jahre nach seinem Tod erschienene Biografie *Leben von Charles de Foucauld* des bekannten französischen Literaten René Bazin machte sein Leben und Werk bekannt.

Heute, fast ein Jahrhundert nach seinem Tod, leben auf der ganzen Welt Hunderte von Menschen in verschiedenen geistlichen Gemeinschaften nach dem Vorbild des Charles de Foucauld. Am bekanntesten geworden ist die Gemeinschaft der Kleinen Brüder und Schwestern Jesu[1]. Damit hat sich im 20. Jahrhundert einmal neu die Erkenntnis der frühen Christenheit bestätigt: „Das Blut der Märtyrer ist der Same der Kirche." Die Kleinen Brüder und Schwestern Jesu engagieren sich vornehmlich in den sozialen Brennpunkten der Welt. Sie leben einfach, ja arm, und wollen allein durch ihr Vorbild wirken. Sie verzichten darauf, ihre Ziele durch irgendwelche Formen von Macht oder Einflussnahme zu erreichen. Das hat sie nicht nur im katholischen Raum zu Sympathieträgern des christlichen Glaubens gemacht.

Das Buch geht auf eine Anregung des Brunnen Verlags in Gießen zurück. Wir waren uns schnell einig, dass darin vor allem Charles de Foucauld selbst zu Wort kommen sollte. Den Auszügen aus den Schriften Foucaulds ist eine Einführung in sein Leben und seine Spiritualität vorangestellt, die den Leserinnen und Lesern helfen soll, leichter einen Zugang zu Foucaulds eigenen – durchaus herausfordernden – Überlegungen zu finden.

I. Biografische Stationen

1. Vorgeschichte: Adel, Armee und Afrikaforschung

Charles de Foucauld wird am 15. September 1858 in Straßburg geboren. Es ist das Jahr, das für die religiöse Erneuerung Frankreichs nach der Revolution 1789 eine wichtige Bedeutung besitzt: In Lourdes hat Bernadette ihre Marienerscheinungen, und der Pfarrer Vianney von Ars, der Beichtvater Frankreichs, stirbt.

Foucaulds Familie ist wohlhabend. Sie gehört sowohl väterlicher- als auch mütterlicherseits altem französischem Adel an. Der Vater ist als höherer Beamter tätig. Die Mutter scheint auf eine religiöse Erziehung für Charles und seine jüngere Schwester Marie Wert gelegt zu haben. Später erinnert er sich: „Ist doch meine früheste Erinnerung das Gebet, das sie mich morgens und abends sprechen ließ: ‚Lieber Gott, behüte Papa, Mama, Großpapa, Großmama, Großmama Foucauld und Schwesterchen.'"[2] Beide Eltern sterben, als Charles sechs Jahre alt ist. Die Erziehung übernehmen die Eltern der Mutter. Vor allem zum Großvater entwickelt sich ein liebevolles Verhältnis.

Seinen Kinderglauben verliert Charles während der Schulzeit in Nancy, wo sich die Großeltern nach dem verlorenen Krieg gegen Deutschland niederlassen. Verantwortlich dafür ist die vorherrschende agnostische Zeitstimmung. Allerdings, so schreibt Foucauld im Rückblick, habe er sich trotz seines Agnostizismus Respekt und Achtung vor dem Glauben bewahrt.[3]

Entsprechend der Familientradition tritt Charles in die französische Armee ein, wo er schnell zum Offizier aufsteigt. Wichtiger als die militärische Laufbahn ist ihm in diesen Jahren aber das Vergnügen. Als junger Mann mit reichem Erbe besitzt er dazu die nötigen äußeren Voraussetzungen. Er geht so weit, dass er in Algerien die Geliebte als seine Frau ausgibt. Als der Betrug auffliegt, wird er vor die Wahl gestellt, sich von ihr zu trennen oder die Armee zu verlassen. Charles de Foucauld, der Lebemann, bleibt ohne zu zögern bei seiner Freundin. Daraufhin wird er am 20.3.1881 vom Dienst in der Armee suspendiert. Doch damit ist das Ende von Foucaulds militärischer Karriere noch nicht erreicht. Wenige Monate später bricht im nur halb unterworfenen Algerien ein Aufstand gegen die französische Besatzungsmacht aus. Foucauld hält es daraufhin für seine Pflicht, wieder in die Armee einzutreten, und kehrt nach Afrika zurück.

Diese Rückkehr nach Afrika wird entscheidend für sein weiteres Leben. Es sind jedoch nicht die monatelangen Kriegshandlungen, die ihn prägen, es ist die Begegnung mit dem gelebten Islam Nordafrikas. Im Rückblick hält er fest: „Der Islam hat eine tief greifende Umwälzung in mir bewirkt ... Der Anblick dieses Glaubens, dieser in der ständigen Gegenwart Gottes lebenden Wesen ließ mich ahnen, dass es etwas Größeres und Wahrhaftigeres gäbe als das Treiben der Welt.“[4]

Foucauld ist vom islamischen Afrika begeistert. Nachdem der Aufstand in Algerien niedergeschlagen ist, verlässt er im Januar 1882 die Armee, um sich ganz der Erforschung des noch unbekannten Teils Nordafrikas, Marokko, zu widmen, einem Land, das zur damaligen Zeit Europäern vollkommen verschlossen ist. Hier herrscht ein Stück islamisches Mittelalter mitten im 19. Jahrhundert.

Charles de Foucauld hat sich in den vergangenen Monaten sichtbar gewandelt. Aus dem zuvor aufgedunsenen jungen Lebemann ist ein ernsthafter Forscher geworden. Zur Vorbereitung auf die Forschungsreise lernt er Arabisch aus dem Koran und beginnt ethnografische und ethnologische Studien. Schließlich bricht er – als syrischer Rabbi verkleidet – mit einem marokkanischen Juden als Führer auf. Acht Monate dauert die entbehrungsreiche Expedition in das Innere Marokkos.

Aus Marokko zurückgekehrt, widmet sich Foucauld der Aufarbeitung seiner zahlreichen Forschungsergebnisse. In Frankreich wird er zu einem bekannten Mann. Die geografische Gesellschaft zollt seiner wissenschaftlichen Leistung für die Erforschung Marokkos hohen Respekt. Wichtiger als die öffentliche Anerkennung sollte für ihn jedoch die innere Auseinandersetzung mit dem in Marokko Erlebten werden.

2. „Mein Gott, wenn es Dich gibt, lass mich Dich erkennen!": Beichte und Bekehrung

Die Erfahrung, dass ein ganzes Volk seinen Alltag vom Glauben an Gott her zu leben versucht, hat Foucauld innerlich angerührt. In den marokkanischen Nächten bekommt er eine Ahnung vom Geheimnis des Schöpfers: „In der Andacht solcher Nächte versteht man den Glauben der

Araber an eine geheimnisvolle Nacht, *leila elqed*, wo der Himmel sich auftut, die Engel auf die Erde niedersteigen, die Wasser des Meeres süß werden und die ganze unbelebte Natur sich neigt, um ihren Schöpfer anzubeten.“[5]

Es vergehen aber noch zwei Jahre, bis Foucauld zu einem bewussten christlichen Glauben zurückfindet. Dabei wirken verschiedene Faktoren zusammen: Gespräche mit einer gläubigen Cousine, die Erinnerung an den christlichen Glauben seiner Kindheit, die Erfahrungen mit dem Glauben der Muslime in Nordafrika und schließlich die Begegnung mit dem katholischen Priester Abbé Huvelin in Paris.

Im Alter von 29 Jahren, Ende Oktober 1886, erlebt Foucauld in der Kirche von St. Augustin in Paris seine Bekehrung. Er ist in der Frühe in die Kirche gekommen, um mit dem Abbé über den christlichen Glauben zu sprechen. Huvelin fordert ihn jedoch auf, zu beichten und Gott seine Sünden zu bekennen. Obwohl Foucauld gar nicht gekommen ist, um eine Beichte abzulegen, kniet er nieder und legt eine Lebensbeichte ab. Indem er dies tut, findet er von einem auf den anderen Augenblick zu einem gewissen Glauben an Jesus Christus. Unmittelbar im Anschluss an die Beichte empfängt er zum ersten Mal seit Jahren wieder die Kommunion. Mit dieser Hinwendung zu Jesus Christus geht die Berufung zum Leben als Mönch einher: „Von dem Augenblick an, wo ich glaubte, dass es einen Gott gibt, wurde mir klar, dass ich nichts anderes tun könne, als nur ihm zu leben: Meine Berufung zum Ordensstand entschied sich zu derselben Stunde, in der ich meinen Glauben wiederfand.“[6]

3. „Unser Heiland hat den allerniedrigsten Platz eingenommen“: Als Trappist in Frankreich und Syrien

Foucauld, ein Mann der raschen Entschlüsse, will Mönch werden. Abbé Huvelin, den er sich zum geistlichen Begleiter gewählt hat, legt ihm jedoch eine mehrjährige Prüfungszeit auf. In diesen Jahren findet Foucauld das Motto seines Lebens. Es ist ein Satz Huvelins: „Unser Heiland hat den allerniedrigsten Platz eingenommen, sodass ihn niemand hat streitig machen können.“[7] Unter dem Eindruck einer Pilgerreise nach Palästina, in deren Verlauf er auch Nazareth besucht hat, wählt Foucauld das arme und verborgene Leben Jesu in Nazareth fortan als Vorbild der eigenen Lebensweise. Den armen und verborgenen Handwerker Jesus möchte Foucauld mit seiner ganzen Kraft lieben und mit seiner Lebensweise nachahmen. Er entschließt sich, in den Schweigeorden der Trappisten einzutreten, weil er glaubt, in dieser Ausprägung des monastischen Lebens am ehesten dem armen Leben Jesu nacheifern zu können. Nach einem halben Jahr seiner Ordenszugehörigkeit verlässt er das Trappistenkloster von Notre Dame des Neiges, um in ein noch ärmeres Tochterkloster in Syrien überzusiedeln.

Charles hat sich damit eine der strengsten monastischen Lebensformen ausgesucht, die der Katholizismus zu bieten hat. Trotzdem quält ihn immer wieder die Frage, ob er nicht doch noch zu weit von der wahren Armut und Bescheidenheit des Lebens Jesu in Nazareth entfernt sei. Trotz seiner Sehnsucht nach einem noch einfacheren Leben und nach einer noch radikaleren Nachfolge Jesu bleibt Charles sieben Jahre lang Mitglied des Ordens. In dieser Zeit beschließt die Ordensleitung, dass er Theologie studieren und sich zum Priester weihen lassen soll. Trotz schwerer Bedenken – bedeutet das Priesteramt doch eine herausgehobene Sonderstellung – lässt Foucauld sich aus Gehorsam auf diesen Weg ein.

Im Zugehen auf seine Priesterweihe reift in

Foucauld der Entschluss, sich nicht zum Priester weihen zu lassen, sondern aus dem Trappistenorden auszuscheiden und als Hausknecht eines Klarissenklosters in Nazareth zu leben.

4. „Das ist genau das Leben, das ich gesucht habe": Klosterdiener in Nazareth

Als Klosterdiener bei den Klarissen kann Foucauld endlich leben wie Jesus in Nazareth: „unbekannt, grenzenlos arm, erniedrigt, in Kittel und Sandalen als armer Hausknecht bei armen Nonnen"[8]. Foucauld legt die Trappistentracht ab, weil er sie für sich als unpassend empfindet, verschaffte das Ordenskleid ihm doch eine gewisse Sonderstellung. Fortan trägt er eine weiße Kappe, ein langes, blau-weiß gestreiftes Hemd mit Kapuze, eine baumwollene Hose und Sandalen. Seine Sehnsucht nach Armut ist so groß, dass er in Nazareth in einem kleinen Bretterverschlag lebt, der zuvor als Geräteschuppen gedient hat. Dieser Bretterverschlag wird seine Einsiedelei, in die er sich immer wieder zu Gebet und Schriftbetrachtung zurückzieht. Neben seiner Arbeit als Küster bessert er die Mauer rings um das Grundstück des Klosters aus, verrichtet

Tischler- und Gartenarbeiten (wie es scheint, mit wenig Geschick). Der äußere Anblick Foucaulds ist so jämmerlich, dass er in Nazareth den Spott der Gassenjungen erregt, die eines Tages sogar Steine nach ihm werfen. Ein glücklicher Tag für Foucauld, bedeutet es doch, dass er dem Sohn Gottes, der von römischen Soldaten gegeißelt worden ist, noch ähnlicher geworden ist.

Drei Jahre, von 1897 bis 1900, lebt Foucauld dieses Leben der Nachahmung Jesu in Nazareth. Er hält regelmäßig mehrwöchige Einkehrzeiten, in denen er sich ganz und gar in seine kleine Klausur zurückzieht und in vollständigem Schweigen verharrt. Aus diesen Zeiten sind viele Hundert Seiten Aufzeichnungen, vor allem Gebete und Schriftbetrachtungen, erhalten. Es ist sein Ziel, sich ganz und gar auf Jesus Christus zu konzentrieren. Er hört den Auferstandenen zu ihm sagen: „Du musst mit allem brechen, was sich nicht auf Mich bezieht, dir hier eine Wüste schaffen, in der du so allein bist mit Mir, wie die Heilige Magdalena allein war in der Wüste mit Mir. Nur durch die völlige Loslösung wirst du dahin kommen, wenn du alle jene flüchtigen Gedanken verscheuchst, alle jene winzig kleinen, die an sich nicht böse sind, die aber dazu führen, dass dein Geist von früh bis spät ungesammelt bleibt, fern von Mir ist, statt dass er von früh bis spät sich auf Mich richtet ..."[9]

So grenzenlos Foucaulds Sehnsucht nach Einsamkeit auch ist, sie führt nicht dazu, dass er die Bedürfnisse seiner Mitmenschen aus dem Blick verliert. So lässt er extra zwei deutsche Bücher, eine Bibel und eine Kirchengeschichte, nach Nazareth kommen, um sie evangelischen Deutschen, die dort leben, zu leihen.

Eine Zeit lang sieht es so aus, als habe Charles de Foucauld das Ziel seiner Suche erreicht. Aber wieder ergreift ihn die Unruhe; er beginnt sich zu fragen, ob er in Nazareth wirklich bereits den ihm von Gott bestimmten Ort gefunden hat. Es sind verschiedene Ursachen, die dazu führen, dass er Mitte 1900 Nazareth verlässt. Dazu gehört ein fehlgeschlagener Plan, sich auf dem Berg der Seligpreisungen in eine Einsiedelei zurückzuziehen. Entscheidend scheint jedoch wiederum seine Überzeugung gewesen zu sein, selbst in Nazareth noch ein zu behagliches Leben geführt zu haben. Die Klarissen hatten ihn so sehr ins Herz geschlossen, dass sie ihm immer häufiger Annehmlichkeiten zukommen ließen. Vor allem war nach drei Jahren in Nazareth in ihm die Überzeugung gereift, sich nun doch zum Priester weihen zu lassen, um auch auf diese Weise den Menschen geistlich dienen zu können. Einen wesentlichen Anstoß scheint dazu sein geistlicher Begleiter Abbé Huvelin gegeben zu haben.

5. „So kann ich Jesus am besten verherrlichen": Weihe zum Priester in Viviers

Als Foucauld im August 1900 in Frankreich ankommt, gerät er mitten hinein in die große Weltausstellung in Paris. Sie war so etwas wie die vollendete Selbstdarstellung der zu Wohlstand und Frieden gekommenen Länder Europas. Man kann sich kaum einen größeren Kontrast dazu vorstellen als Charles de Foucauld, der auch in seinem Heimatland die armselige Kleidung nicht ablegte, sondern wie ein Landstreicher durch Frankreich zog.

Während der Vorbereitungen auf die Priesterweihe, die am 9. Juni 1901 erfolgt, wird ihm deutlich, dass er nicht länger im Heiligen Land als Einsiedler leben soll. Er erkennt, dass seine Berufung darin besteht, unter den Menschen zu wirken, zu denen sonst keine Christen kommen. „Meine letzten Exerzitien zur Diakonats- und Priesterweihe haben mir gezeigt, dass ich dieses Leben von Nazareth, das meine Berufung ist, nicht in dem so sehr geliebten Heiligen Land führen soll, sondern unter den elendsten Seelen, den verlassenen Schafen."[10] Um Jesus am besten zu verherrlichen, um ihn am meisten zu lieben, ihm zu gehorchen und ihm nachzufolgen, möchte er zu den Muslimen und Heiden in Marokko und den angrenzenden Ländern Nordafrikas gehen.

6. „Man muss durch die Wüste wandern und sich in ihr aufhalten, um der Gnade Gottes teilhaftig zu werden": Unter Muslimen in der algerischen Sahara

Im Spätsommer 1901 kehrt Charles de Foucauld nach Nordafrika zurück. Hier wird er die kommenden 15 Jahre bis zu seinem Tod – nur unterbrochen von zwei Reisen nach Frankreich – verbringen. Sein Ziel ist es, eine christliche *Zaouia* des Gebets und der Gastfreundschaft an der Grenze zu Marokko zu errichten, um von dort aus das Evangelium leuchten zu lassen. Zaouia, das ist eigentlich der Sitz einer islamischen Bruderschaft, an dem sich die Mitglieder des Ordens zum gemeinschaftlichen Gebet versammeln, Pilger aufnehmen und Reisenden und Armen Gastfreundschaft anbieten. Das Vorhaben, eine christliche Zaouia zu gründen, zeigt, wie sehr Foucauld die Denk- und Lebensweise der nordafrikanischen Muslime angenommen hat, denen er das Evangelium von Jesus Christus nahebringen will. Es zeigt auch, dass Charles über aller kontemplativen Ausrichtung seiner Spiritualität die Nächstenliebe und die praktische Arbeit nicht vergessen hat.

In Algerien angekommen, kleidet er sich nach der Art der Landesbewohner. Er trägt ein weit fallendes weißes Gewand, dazu eine mützenartige Kopfbedeckung von derselben Farbe. An seinem Ledergürtel befindet sich ein Rosenkranz. Auf dem weißen Gewand – und darin unterscheidet er sich von den Muslimen der Gegend – ist ein großes rotes, von einem Kreuz überragtes Herz aufgenäht. So wird für alle sichtbar, dass Foucauld als Christ in dieses Land gekommen ist.

Charles lässt sich in der Oase Beni-Abbès im Grenzgebiet zu Marokko nieder, um von dort zur Mission nach Marokko vorzudringen: ein Plan, der sich allerdings als undurchführbar erweisen wird. Im Umfeld der Oase errichtet er eine Fraternität, ein offenes Haus für Christen, Muslime und Juden. Anders als in Nazareth will er hier sein Leben mit anderen Menschen teilen.

Foucauld ist in dieser Oase für die geistliche Betreuung der französischen Soldaten der dortigen Garnison zuständig. Vor allem geht es ihm darum, das Vertrauen der einheimischen Muslime zu gewinnen. Dazu beginnt er ihre Sprache zu lernen, unterstützt die Armen, kauft sogar Sklaven frei und gewährt Reisenden in seiner Fraternität Gastfreundschaft. Die spirituelle Grundlage seines Daseins für andere bildet ein intensives Gebetsleben. Er verbringt in der Nacht oder früh am Morgen viele Stunden in der kleinen, von ihm selbst gebauten Kapelle im meist schweigenden Gebet. Gerne würde er Gefährten aufnehmen, um mit ihnen gemeinsam das verborgene Leben zu führen, das der irdische Jesus in Nazareth gelebt hat. Trotz intensiver Gebete und später auch gezielter Werbung für die neue Gemeinschaft der „Kleinen Brüder vom Heiligsten Herzen Jesu" teilt niemand auf Dauer sein Leben mit ihm.

In den Augen der Muslime in seiner Nachbarschaft wird Charles de Foucauld in diesen Jahren zum heiligen Mann, zum christlichen *Marabut.* Denn er lebt vor, dass nicht nur Muslime ein gottgeweihtes Leben führen können. Auch bei den Christen, den *Roumis,* die in den Augen der Muslime alle wie Hunde leben, weil sie Gott nicht anbeten, gibt es Marabuts! Foucauld nimmt in seiner kleinen Klause jeden, der kommt, brüderlich auf: Offiziere, Franzosen, Araber, Berber, schwarze Sklaven, Bettler, Christen, Muslime. Für Sklaven stellt er eine Art Katechismus zusammen. Mehr und mehr wird er zum Bruder aller Menschen. Es sind allerdings nur ganz wenige Einheimische, die sich von seiner Liebe zu Christus anstecken lassen.

Wie die Fraternität in Beni-Abbès ausgesehen hat, erfahren wir aus einem Bericht von Bruder Michael, der Charles de Foucauld für drei Monate begleitet hat: „Es war ein recht bescheidenes, aus Lehm und Holz errichtetes Kloster, das aussah wie alle Hütten hierzulande. Die sieben oder acht für die Mönche bestimmten Zellen waren so niedrig, dass ein Mann von durchschnittlicher Größe an die Decke reichte, wenn er die Hand nur ein wenig über seinen Kopf hob, und so eng, dass man mit ausgebreiteten Armen rechts und links an die Mauer stieß. Kein Bett, kein Stuhl, kein Tisch, kein Betschemel zum Knien. Man musste angekleidet auf einer Palmenmatte auf dem Boden schlafen ... Die von einem Glockentürmchen überragte Kapelle war wie alle übrigen Gebäude aus Holz und Lehm errichtet; im Innern war nichts als ein ganz schlichter Altar und zwei Betschemel. Man musste also während der langen ... Andachten bei Tag und Nacht stehen oder knien oder sich auf Matten hocken."[11]

Der Tagesablauf war streng geregelt. Aufgestanden wurde mit dem Morgengrauen, um zu beten und die Messe zu feiern. Insgesamt waren es mehr als zwei Stunden, die im Schweigen und im Gebet verbracht wurden. Während der Arbeitszeit ab 9 Uhr widmete sich Charles de Foucauld seinen Büchern und Manuskripten und arbeitete an Grammatik und Wörterbuch. Da er keinen Tisch besaß, musste er auf einer Kiste schreiben. Um 11 Uhr fand die erste Mahlzeit statt, die äußerst bescheiden war. Sie bestand nur aus in Wasser gekochtem Reis, bisweilen ergänzt und angereichert von Gemüse. Es gab weder Serviette und Tischtuch noch Messer und Gabeln. Danach folgte wiederum eine längere Gebetszeit in der Kapelle. Von 14 bis 18 Uhr wurde erneut gearbeitet. Dem schloss sich eine einfache Abendmahlzeit an. Um 18.30 Uhr fand das Abendgebet in der Kapelle statt. Mit Einbruch der Dämmerung begann die Nachtruhe. Das Gebet war offensichtlich die Grundlage von Foucaulds Leben: „Das Gebet war sein höchstes Glück: es war wahrhaftig Leben und Odem seiner Seele."[12] Bruder Michael berichtet auch, dass Charles de Foucauld sich das Martyrium wünschte und Gott so inständig darum bat, als wäre es das größte Geschenk.[13]

Der Plan, das Evangelium nach Marokko zu bringen, erweist sich in diesen Jahren als undurchführbar. Stattdessen wird ihm im Jahr 1904 erlaubt, mit einem befreundeten Offizier weiter in den Süden Algeriens zu den Tuareg zu reisen. 1905 siedelt er sich mit Zustimmung seines Bischofs in Tamanrasset im Hoggargebirge an. Damit hat Charles de Foucauld, wie sich zeigen würde, die letzte Stufe seiner Berufung erreicht.

Die Lebensbedingungen im Hoggar sind noch wesentlich härter als in Beni-Abbès. Charles lebt in einem kleinen Dorf mit nur zwanzig Hütten als einziger Europäer unter den Tuareg-Familien. Er wird ganz einer der ihren. Gemäß seiner Berufung lebt er ein Leben völlig im Verborgenen, im Abseits und in der Gewöhnlichkeit des Alltäglichen. Um sich mit dem Berbervolk der Tuareg verständigen zu können, wird er zum Sprachforscher. Eine Grammatik und ein Wörterbuch ihrer Sprache, des Tamascheq, werden zu Foucaulds letzter Lebensaufgabe. Wie in Beni-Abbès gelingt es ihm auch in Tamanrasset, das

Vertrauen der Bevölkerung zu gewinnen. Sowohl die wissenschaftliche Arbeit als auch die Begegnungen mit den Menschen sollen dazu dienen, den Muslimen eine Brücke zum Evangelium zu bauen.

Anfang 1908 erkrankt Foucauld schwer; nun bewährt sich die inzwischen gewachsene Freundschaft zu den Tuareg, die ihm beistehen. Charles vermag sogar, das Vertrauen des Oberen der Tuareg-Stämme zu gewinnen. Grund dafür ist nicht so sehr sein christliches Engagement als vielmehr sein Mitdenken, was die materiellen Probleme der Tuareg angeht. Foucauld schlägt vor, gemeinsam mit den französischen Besatzern nach Wegen zu suchen, um die Bebauung des Landes und die Viehzucht zu fördern, damit die regelmäßig auftretenden Hungersnöte überwunden werden können. Immer wieder kommt es zu Streitigkeiten, wenn sich die Franzosen in die inneren Angelegenheiten der Tuareg einmischen. Foucauld zeigt Verständnis für die Lage der Tuareg und rät ihrem Obersten, sich loyal gegenüber der Besatzungsmacht zu verhalten und nach und nach die Lebensbedingungen der Stämme zu verbessern. Auf diese Weise werde den Franzosen die Gelegenheit genommen, sich in deren innere Angelegenheiten einzumischen.

7. „Mein Vater, ich überlasse mich Dir ganz": Märtyrertod in Tamanrasset

Der Erste Weltkrieg hat auch die Berberstämme Nordafrikas in Bewegung gebracht. Manche von ihnen versuchen, die französische Herrschaft abzuschütteln, andere nehmen ihre Raubzüge wieder auf. Charles de Foucauld weiß, dass er in Gefahr ist, will jedoch die Tuareg in diesen schwierigen Zeiten nicht im Stich lassen. So bleibt er in Tamanrasset, um zwischen den Einheimischen und den Franzosen, aber auch zwischen den verfeindeten Stammesgruppen zu vermitteln.

1916 baut er ein kleines befestigtes Fort, um sich zusammen mit den Einwohnern von Tamanrasset bei einem möglichen Angriff feindlicher Stämme darin zurückziehen zu können. Ja, er zieht sogar dauerhaft in das kleine Fort ein; mittlerweile sind ihm vom französischen Militär dreißig Karabiner zusammen mit sechs Patronenkisten übergeben worden.[14] Im Fort hält er Wache bei den Waffen. Es geht ihm vor allem darum, die Harratin zu schützen, Schwarze, die in den algerischen Oasen sesshaft geworden sind. Auch wenn er selbst bereit ist, das Martyrium zu erleiden, fühlt er sich verpflichtet, das Leben seiner

Freunde zu verteidigen. Am 1. Dezember 1916 ist Foucauld im Fort allein. Auf heimtückische Weise verschafft sich eine Gruppe von etwa dreißig Tuareg Zugang. Charles wird gefesselt und auf die Böschung geworfen, die das Fort umgibt. Hier muss er in kniender Haltung ausharren. In den folgenden dreißig Minuten erlebt er, wie in der nächtlichen Stille alles Brauchbare aus dem Fort herausgeschleppt und das Übrige kurz und klein geschlagen wird. Als zwei militärische Kamelreiter auftauchen, die die Post holen wollen, gerät sein fünfzehnjähriger Bewacher in Panik. Aus nächster Nähe schießt er auf Charles de Foucauld. Die Kugel dringt am rechten Ohr ein und durch das linke Auge wieder aus.

In einem Kondolenzbrief schreibt Moussa, der Oberste der Tuareg-Stämme, an Foucaulds Schwester: „Sobald ich die Nachricht vom Tode unseres Freundes, eures Bruders Charles, vernahm, haben sich meine Augen geschlossen; alles ist dunkel für mich, ich habe geweint und viele Tränen vergossen und bin in großer Trauer. Sein Tod hat mir viel Schmerz bereitet ... Charles, der Marabut, ist nicht allein für euch, er ist für uns alle gestorben. Möge Gott ihm Barmherzigkeit gewähren, und mögen wir uns im Paradiese wiedersehen!“[15]

Charles de Foucauld hat intensiv um die besondere Gnade gebetet, Jesus auch darin ähnlich werden zu dürfen, dass er das Martyrium erleidet. Ums Leben gekommen ist er bei einem gemeinen Raubüberfall. Aber gerade die banalen Umstände seines Todes entsprechen seiner Berufung zu einem Leben in der Verborgenheit des Alltäglichen, Gewöhnlichen und Unspektakulären. In der Konsequenz dieser Berufung starb Charles de Foucauld als Märtyrer seines Glaubens an Jesus Christus.

8. „Die in Christusferne Lebenden sollen das Evangelium aus dem Anblick ihres Lebens kennenlernen“: Vision einer neuen geistlichen Gemeinschaft

Bereits als Einsiedler in Palästina träumte Charles de Foucauld von der Gründung einer neuen geistlichen Gemeinschaft. Sie sollte sich wie er das verborgene Leben des irdischen Jesus in Nazareth zum Vorbild nehmen. Zu Foucaulds Lebzeiten erfüllte sich sein brennender Wunsch nicht. Immerhin waren die drei Reisen, die er in den Jahren 1900, 1911 und 1913 nach Frankreich unternahm – auch, um für diesen neuen

Orden zu werben – nicht ganz umsonst. Es war eine Gemeinschaft der Brüder und Schwestern vom heiligsten Herzen Jesu entstanden – nicht, wie anfangs von ihm beabsichtigt, als klausurierte Ordensgemeinschaft, sondern als eine Bruderschaft mit gemeinsamer Spiritualität, aber ohne gemeinsames Leben. Als Foucauld das Martyrium erlitt, zählten neunundvierzig Personen zu ihr, Priester und Laien gleichermaßen. Diese Bruderschaft blieb nach seinem Tod nicht nur lebendig, sondern breitete sich unter dem Namen Association Foucauld weiter aus. Von ihr gingen in den Folgejahren wichtige Impulse aus, die schließlich zur Gründung einer Reihe weiterer geistlicher Gemeinschaften im Geist Charles de Foucaulds führten. Aber erst 1933 wurde die Gemeinschaft der Kleinen Brüder Jesu, die bekannteste Gemeinschaft, die sich auf ihn beruft, gegründet. Ihre Mitglieder bilden kleine Bruderschaften von bis zu fünf Mönchen, tragen Laienkleidung und leben in Armut, und zwar vor allem unter solchen Menschen, um die sich sonst keine geistliche Gemeinschaft oder Institution kümmert. 1939 entstanden die Kleinen Schwestern Jesu, deren Lebensweise der der Kleinen Brüder Jesu entspricht. Seit 1933 gab es zudem eine weitere weibliche Kongregation mit stärker kontemplativer Ausrichtung: die Kleinen Schwestern vom Allerheiligsten Herzen. Entscheidend für alle Gemeinschaften ist bis heute, dass sie ein Leben in Armut führen, um durch ihr Beispiel Menschen eine Brücke zum Glauben an das Evangelium zu bauen.

II. Die Aktualität Charles de Foucaulds

1. „Vorbild" der Gnade Gottes

Charles de Foucauld wurde am 13.11.2005 seliggesprochen. Die reformatorischen Kirchen kennen weder Seligsprechungen noch Heiligsprechungsprozesse. Martin Luther und die anderen Reformatoren haben das Gedenken an die Heiligen allerdings nicht grundsätzlich abgelehnt. Es ging ihnen darum, die mittelalterlichen Auswüchse der Heiligenverehrung zu überwinden. Auch die evangelische Kirche kennt deshalb eine Form der Heiligenverehrung, besser: des Heiligengedächtnisses. Die evangelische Tradition versteht unter Heiligen Männer und Frauen, die durch ihren Glauben und durch ihr Leben die Botschaft von der Rettung des Sünders durch Gott besonders deutlich zur Anschauung bringen. Der Heilige ist eine „Gestalt der Gnade" (Oskar Planck). Heilige in diesem Sinne hat es in der evangelischen Kirche in den vergangenen Jahrhunderten immer wieder gegeben. Sie reichen von Gerhard Tersteegen über Eva von Tiele-Winckler bis hin zu Dietrich Bonhoeffer. Vor diesem Hintergrund ist der 150. Geburtstag von Charles de Foucauld ein geeigneter Anlass, sich auch im Raum der evangelischen Kirche mit dem Leben und Glauben dieses außergewöhnlichen Nachfolgers Jesu näher zu beschäftigen.

Die Aktualität der Heiligen zeigt sich auch in der verstärkten Suche gerade junger Menschen nach Leitfiguren und Vorbildern, von denen sie auf dem Weg zur Ausbildung ihrer eigenen Persönlichkeit machtvolle Orientierung und innere und äußere Ausrichtung erhoffen. Auch für die Ausbildung einer christlichen Identität sind Vorbilder unverzichtbar. Die Wiederentdeckung der Heiligen als Menschen, in denen der Glaube lebbare Gestalt geworden ist und die ihm ein Gesicht geben, ist unerlässlich, wenn die Weitergabe des christlichen Glaubens an kommende Generationen gelingen soll. In der Beschäftigung mit dem Leben eines Heiligen wird ein Lebensentwurf sichtbar, der Reibungsflächen bietet, Identifikation ermöglicht und die eigene Biografie zu bereichern vermag. Vieles am Leben und Glauben Charles de Foucaulds wird sich nicht ohne Weiteres in das Leben eines jungen Europäers zu Beginn des 21. Jahrhunderts übertragen lassen. Die Herausforderung, die seine radikale

Form der Nachfolge Jesu für uns heute bedeutet, kann dazu inspirieren, der eigenen Glaubensposition und deren Umsetzung in konkretes Leben auf der Spur zu bleiben.

2. Der Fromme von morgen – ein Mystiker?

„Der Fromme von morgen wird ein ‚Mystiker' sein, einer, der etwas ‚erfahren' hat, oder er wird nicht mehr sein."[16] So hat es schon vor Jahrzehnten Karl Rahner formuliert. Dieser These stand auf evangelischer Seite lange ein grundsätzliches Misstrauen gegenüber mystisch geprägter Frömmigkeit gegenüber. Inzwischen hat sich die Situation verändert. Die wissenschaftliche Theologie hat zunehmend erkannt, dass Martin Luthers Frömmigkeit auch eine starke mystische Dimension besitzt. Inspiriert vom Gottesbild der mittelalterlichen Mystikerinnen und Mystiker, die einen Gott der Liebe erfahren hatten, hat er dieses seit dem Urchristentum mehr und mehr verloren gegangene Gottesverständnis von einer Angelegenheit eines kleinen Kreises zu einer Erkenntnis für alle, für die ganze Kirche gemacht.

Heute sehnen sich viele Menschen innerhalb

und außerhalb der Kirche nach spirituellen Erfahrungen. Es genügt ihnen nicht, Gott mit dem Verstand zu erfassen. Sie möchten ihn auch sinnlich und emotional erfahren. Ob dem christlichen Glauben fernstehende Menschen in Zukunft einen Zugang zum Evangelium finden, wird nicht zuletzt davon abhängen, ob sie mit ihrer Emotionalität und Körperlichkeit im Glauben vorkommen. Auch in diesem Zusammenhang erweist sich der Glaube Charles de Foucaulds als höchst aktuell. Er besitzt eine profilierte mystische Dimension. Gerade seine Intensivform von Christsein befähigte ihn, sich Christen und Nichtchristen, Armen und Reichen, Europäern und Afrikanern gleichermaßen zuzuwenden und zwischen ihnen keine Unterschiede zu machen. Foucaulds mystisch geprägter Glaube zeigt, dass eine radikal gelebte Nachfolge nicht zur Intoleranz zwischen den Religionen führen muss, sondern im Gegenteil das Verständnis, ja sogar die Liebe zwischen Angehörigen verschiedener Religionen zu fördern vermag.

3. Die Botschaft vom nahen Gott

Charles de Foucauld fühlte sich in kaum überbietbarer Weise unmittelbar mit Gott verbunden. Das zeigt sein Lebensweg als ganzer, aber auch die vielen Hundert Seiten seiner Aufzeichnungen aus der Stille. Vom Zeitpunkt seiner Bekehrung an scheint er die Gewissheit der Nähe Gottes nie wieder verloren zu haben. Theologischer Grund für diese Gewissheit ist seine auf Jesus Christus ausgerichtete Spiritualität. Durch seine Menschwerdung ist Gott den Menschen unüberbietbar nahe gekommen; in ihm hat er sich den Menschen anfassbar gemacht. Dieses Bewusstsein der Nähe Gottes prägt die Spiritualität Foucaulds. Sie bringt eine große Wärme in seine Beziehung zu Gott. Charles kann schreiben: „Ihm [Jesus Christus] allein gehört mein Herz und mein Leben.“[17] Foucauld lebte in einer Art ständigem Gespräch mit dem auferstandenen Christus; viele seiner in der Stille entstandenen Notizen sind in direkter Rede Jesu abgefasst – auch dies eine Ausprägung der mystischen Dimension seiner Frömmigkeit.

Einer Gesellschaft, die von zunehmender Entkirchlichung und Säkularisierung geprägt ist, gleichzeitig aber neue Aufbrüche religiösen Suchens erkennen lässt, zeigt die Spiritualität Charles de Foucaulds, dass auch nach der Aufklärung ein Leben in der ständigen Gegenwart Gottes möglich ist. Die Weise, in der Foucauld immer und überall mit Gott gerechnet hat, fordert auch noch heute Menschen heraus, sich auf die Suche nach Gott und nach einem Leben mit ihm zu begeben.

4. Fasziniert vom verborgenen Leben Jesu

Charles de Foucauld ist fasziniert vom Leben Jesu, und zwar von dem verborgenen Leben als Handwerker in Nazareth, vor seiner öffentlichen Wirksamkeit. Die Demut, die in dieser Lebensweise zum Ausdruck kommt, überwältigt ihn. Es ist der niedrigste Platz, der Platz, den Jesus eingenommen hat, der ihn zur Nachahmung reizt. In einer Betrachtung spricht Jesus selbst zu ihm: „Sieh dir das Leben an, das Ich dir bereitet habe: Gleicht es nicht ganz und gar Meinem verborgenen Leben? Du hast es in seinen großen Zügen ebenso wie in seinen kleinsten Einzelheiten.“[18] Die Orientierung am verborgenen Leben Jesu zwingt Charles de Foucauld zu einer radikalen Umwertung sämtlicher bisheriger Werte seines

Lebens. Das lässt der Ausspruch Jesu aus einer anderen Betrachtung erkennen: „Wie gering schätze Ich das Sinnen und Trachten der Menschen ... Vornehmheit, Reichtum, Rang, Wissen, Verstand, Ansehen, Beachtung, weltliche Auszeichnungen, gehobene Umgangsformen ...“[19]

Foucauld hat nur eine einzige Seite des Lebens Jesu zur Grundlage seiner Nachfolge gemacht. Erstaunlich ist, dass er gerade dadurch Zugang zur ganzen Fülle des Lebens Jesu Christi gewinnt. Es bestätigt sich damit einmal neu die Erkenntnis der Wüstenväter: In einem Wort des Evangeliums ist seine ganze Fülle enthalten. Das ist umso erstaunlicher, als die biblische Grundlage des Lebens Jesu in Nazareth mit einem einzigen Vers aus dem Lukasevangelium äußerst schmal ausfällt: „Und er ging mit ihnen hinab und kam nach Nazareth und war ihnen untertan. Und seine Mutter behielt alle diese Worte in ihrem Herzen. Und Jesus nahm zu an Weisheit, Alter und Gnade bei Gott und den Menschen“ (Lukas 2,51f).

In einer Zeit, die von Pluralismus und Multioptionalität geprägt ist, ist das exemplarische und elementare Lernen ein Gebot der Stunde. Das gilt auch im Hinblick auf die Zugangswege zum christlichen Glauben. Charles de Foucauld greift einen einzigen Aspekt des Lebens Jesu heraus und macht ihn zur Grundlage seines Glaubens und Lebens. Er verdeutlicht so höchst eindrucksvoll, dass der christliche Glaube nichts Kompliziertes, sondern etwas höchst Einfaches darstellt. Es reicht aus, eine einzige spirituelle Erkenntnis ernst zu nehmen und im Alltag dieser Erkenntnis entsprechend zu leben. Alles Übrige wird sich im Laufe der Zeit daraus entwickeln.

5. Dynamik aus der Stille

Charles de Foucaulds Leben drehte sich um das Gebet. Das Gebet ordnete seinen Tag, regelmäßig zog er sich zu längeren Gebets- und Schweigezeiten zurück, entsprechend dem alten monastischen Ideal, wonach dem Gebet nichts vorzuziehen sei. Die Tageszeitengebete waren das Kraftzentrum seiner Existenz. Trotz körperlicher Anstrengungen und intensiver intellektueller Arbeit verbrachte er viele Stunden am Tag im Gebet. Charles hat sich über die Rolle der jährlichen Einkehrtage für das geistliche Leben selbst geäußert: „Häufige, im Allgemeinen jährliche Einkehrtage sollen Zeiten der Ruhe, der Einsamkeit, Zeiten der Anschauung und Betrachtung zu Füßen Jesu sein. In der Beschauung blicken wir Ihn schweigend an, in der Betrachtung fragen wir Ihn, was wir tun, denken, reden sollen, um Ihm zu gehorchen."[20]

Das Bedürfnis nach Stille und Selbstbesinnung ist auch in unserer lärmerfüllten Gesellschaft weit verbreitet. Viele Menschen spüren, dass ihnen in der Betriebsamkeit ihr Leben entgleitet. Stille und Einsamkeit sind Voraussetzungen für ein geistliches Leben. Sie sind aber auch Voraussetzung dafür, dass ein Mensch in den vielfältigen Herausforderungen des Alltags nicht zerfließt, sondern seine innere Mitte behält. Blaise Pascal meinte, dass alles Unglück der Welt damit beginne, dass ein Mensch nicht mehr allein auf seinem Zimmer bleiben könne. Von Benedikt von Nursia, dem Gründer des abendländischen Mönchtums, heißt es in der Biografie Gregors des Großen, dass er gelernt habe, „bei sich selbst zu wohnen". Die Stille zu suchen und sich immer wieder in die Einsamkeit zurückzuziehen sind die Voraussetzung für klares Denken und feste Entschlüsse. Angesichts einer Mediengesellschaft, die die Zerstreuung, die Ablenkung von sich selbst zum Programm erhebt, erscheint dieser Aspekt von Foucaulds Spiritualität von besonderer Aktualität.

6. Radikalität der Nachfolge

Charles de Foucauld hat seinen Glauben mit kaum zu überbietender Radikalität die Gestalt seines Lebens prägen lassen. Mit dem Zeitpunkt einer Bekehrung wurde ihm deutlich, dass sein Leben dem Dienst für Gott gehörte. Für ihn war das ein Ruf zur monastischen Lebensform. Die Radikalität seiner Suche nach möglichst großer Ähnlichkeit mit Jesus hatte aber nichts zu tun mit einem heroischen Selbstentwurf oder frommen Idealen. Sie hat ihren tiefsten Grund in der Radikalität seiner Liebe zu Gott. Jakob diente sieben Jahre um Rahel, und diese Jahre kamen ihm wie wenige Tage vor, so sehr liebte er sie (1. Mose 29,20). Ähnlich – so Foucauld – soll es einem Menschen in der Nachfolge Jesu gehen: „Weil einer, der von Liebe glüht und brennt, alles mit so viel Schwung und Hingabe tut, dass er gar nicht merkt, wie die Zeit vergeht."[21] Von einer derartigen Leidenschaft für Gott ist Charles de Foucauld ergriffen.

Trotz seiner Leidenschaft für Gott erlebte Foucauld immer wieder Zeiten der Dunkelheit. Er erfuhr, dass diese lange dauern und leidvoll sein können. Dennoch hielt er Zeit seines Lebens daran fest, dass solche Zeiten der Dunkelheit für die Nachfolge heilsam sein können. Auch in der Dunkelheit des Glaubens soll darum die Hoffnung niemals sterben.

Radikalität ist eine ambivalente Erscheinung. Wo sie sich in Gewalt und Terrorismus äußert, wird sie zu Recht abgelehnt. Radikalität im Sinne von Konsequenz und überzeugender Lebensführung jedoch lässt aufhorchen. Die oft maßlos erscheinende Radikalität der Nachfolge Charles de Foucaulds hat ihr Zentrum in seiner leidenschaftlichen Liebe zu Gott. Das gibt ihr eine anziehende Weite, ohne dass sie ihren heilsam-provokanten Charakter verlieren würde. Indem die Liebe zum Grundmotiv der Nachfolge wird, vermag Foucauld die Unterschiedlichkeit der jeweiligen Berufung zu würdigen und auch Zeiten der Anfechtung und Dunkelheit in die Nachfolge zu integrieren. Sie sind keine „Panne", die es eigentlich nicht geben dürfte, sondern essenzieller Bestandteil der gelingenden Nachfolge.

7. Geistliche Vaterschaft

Radikale Nachfolge ist für Foucauld untrennbar verbunden mit konkretem Gehorsam. Unmittelbar nach seiner Bekehrung wählt er sich Abbé

Huvelin zum geistlichen Vater, dem er sich zum Gehorsam verpflichtet. Ihm legt er fortan alle wichtigen Fragen seines Lebens zur Entscheidung vor. Gerade bei evangelischen Christen regt sich an dieser Stelle vielleicht Widerstand. Er hängt mit der Überzeugung zusammen, dass der Glaube eine ganz und gar private Angelegenheit zwischen dem Glaubenden und Gott ist, ein Dritter in diesem Verhältnis darum nichts zu suchen hat.

Bibel und Kirchengeschichte geben jedoch ein anderes Bild: Vom Urchristentum angefangen, gab es zu allen Zeiten die Gemeinschaft geistlicher Väter und Mütter mit ihren Söhnen und Töchtern im Glauben. Jesus selbst war der „geistliche Vater" seiner Nachfolger und Nachfolgerinnen; mit dem engeren Jüngerkreis teilte er das alltägliche Leben. Die Apostel übten später ihrerseits geistliche Vaterschaft aus. Auch die Wüstenmönche in Ägypten, Syrien und Palästina wurden für viele Menschen zu geistlichen Vätern bzw. geistlichen Müttern – es gab unter ihnen eine Reihe als geistliche Ratgeberinnen geachtete Frauen.

Die seelsorgerliche Begleitung durch den geistlichen Vater, wie sie bis heute in der orthodoxen und in der römisch-katholischen Kirche vorkommt, erstreckt sich häufig über viele Jahre.

Der Gehorsam gegenüber Jesus Christus soll durch den Gehorsam gegenüber einem Menschen eingeübt werden. Auf diese Weise entsteht eine enge Beziehung zwischen dem jungen Christen und seinem geistlichen Vater. Sie soll ihm die Sicherheit bieten, die dunklen Seiten seines Wesens wahrzunehmen und sich ihnen zu stellen. Dahinter steht die Überzeugung, dass der Mensch nur auf dem Weg der Selbsterkenntnis zur Gotteserkenntnis gelangen kann. Grundlegend für diese Beziehung ist die Freiwilligkeit. Ein zweites Charakteristikum ist das Vertrauen. Der geistliche Vater ist Wegbegleiter, der mit dem geistlichen Sohn bzw. der geistlichen Tochter ein Stück des Lebenswegs gemeinsam geht. Ein wichtiges Ziel dieser Lebensbegleitung ist die Einführung in unbekannte Lebensräume. Viele Lebensbereiche bleiben dem verschlossen, der keinen Menschen hat, der sie ihm aufzuschließen vermag. Ein erfahrener Wegbegleiter hilft, auch angstbesetzte Wirklichkeitsbereiche wahrzunehmen und zu betreten. Geistliche Väter und Mütter üben ihre Autorität nicht als Selbstzweck aus, sondern mit dem Ziel, ihre geistlichen Söhne und Töchter in die Selbstständigkeit und Eigenverantwortlichkeit zu führen.

8. Liebe zur Armut

Eine zentrale Rolle in Charles de Foucaulds Streben nach Ähnlichkeit mit Jesus spielte die Armut. Er reduziert seine eigenen Bedürfnisse bis auf ein fast skandalöses Mindestmaß. Wie soll man diesen radikalen Verzicht verstehen? Muss man bei Charles de Foucauld von einem „Armutsspleen“ sprechen? Handelt es sich um den dandyhaften Versuch eines lebensüberdrüssigen jungen Mannes aus wohlhabender Familie, diese ihm unbekannte Seite des Lebens bis ins Extrem auszuloten? Eine solchermaßen selbst gewählte extreme Armut hätte sich gewiss nicht lange durchhalten lassen.

„Mein Gott, ich weiß nicht, wie manche Menschen es fertigbringen, Dich arm zu sehen und dennoch reich sein mögen!“

Für Charles de Foucauld ist die Sehnsucht nach einem Leben in Armut spirituell begründet. Zum einen möchte er auch in dieser Hinsicht Jesus ähnlich sein, dem Jesus, der so arm war, dass er nicht einmal einen Platz hatte, an dem er schlafen konnte. Es ist Charles unbegreiflich, dass nicht jeder Christ Jesus in dieser Weise ähnlich werden möchte: „Mein Gott, ich weiß nicht, wie manche Menschen es fertigbringen, Dich arm zu sehen und dennoch reich sein mögen, sich so viel großartiger zu sehen als ihren Meister, als ihren Geliebten, und Dir nicht, soweit es in ihrer Macht steht, in allem gleichen wollen und erst recht in Deiner Erniedrigung ... Ich jedenfalls kann nicht begreifen, wie man lieben kann ohne Verlangen, ohne ein gebieterisches Verlangen nach Gleichgestaltung, nach Ähnlichkeit ...“[22] Wieder ist es die Liebe zu Jesus, die ihn dazu bewegt, in der Gestalt seiner Nachfolge zum Äußersten zu gehen.

Dazu kommt ein Zweites: Die Armut bringt eine ungeahnte Freiheit mit sich. „Alles gilt ihm [dem Armen] gleich: Ob man ihn hierhin oder dorthin schickt, das macht ihm wenig aus: er hat nirgends etwas zu verlieren ... Den Einzigen, von dem er alles erwartet, findet er überall: Gott, der ihm immer das Beste für seine Seele gibt, wenn er treu bleibt ...“[23] Foucauld geht davon aus, dass der Besitz irdischer Dinge, auch der geringfügigsten, beim Gebet die Gedanken bindet und daran hindert, sich mit der ganzen Seele auf die himmlischen Dinge einzustellen.

Noch ein letzter Gedanke ist für Foucaulds Sehnsucht nach äußerster Armut ausschlaggebend: das Vorbild Jesu, der sich vor allem um die Armen kümmerte. Nur wer selbst arm ist, kann Menschen wirklich nahe sein, die in Armut leben.

Die freiwillige radikale Armut Charles de Foucaulds gehört sicher zu den provokantesten Zügen seines Lebens – zumindest für uns westliche Christen in einer Wohlstands- und Überflussgesellschaft und angesichts eines weithin verbürgerlichten Kirchenchristentums. Foucauld ist überzeugt: Der Materialismus ist der Todfeind des geistlichen Lebens. (Das gilt übrigens auch für die sublimere Form des geistigen Besitzstrebens.) Friedrich Schleiermacher schrieb bereits 1799 in seiner berühmten Schrift „Über die Religion. Reden an die Gebildeten unter ihren Verächtern“: „Es ist Euch gelungen, das irdische Leben so reich und vielseitig zu machen, dass Ihr der Ewigkeit nicht mehr bedürfet, und nachdem Ihr Euch selbst ein Universum geschaffen habt, seid Ihr überhoben, an dasjenige zu denken, welches Euch schuf.“

Jeder, der auch nur wenig Besitz sein Eigen nennt, wird Foucauld zustimmen müssen: Die Sorge für den Besitz nimmt einen Gutteil unseres Denkens und Fühlens in Beschlag und beeinträchtigt so – zwangsläufig – ein Engagement für Christus „aus ganzem Herzen“. Die Anweisungen der Bergpredigt, nicht für das irdische Leben zu sorgen, sind und bleiben eine Herausforderung an jede Form von Christentum, das sich in der Welt eingerichtet hat. Ein Mensch, der wie Charles de Foucauld die Bergpredigt zum konkreten Maßstab seines Lebens macht, stellt ein angepasstes Christsein heilsam infrage.

9. Das Leben als anschaubares Evangelium

Charles de Foucauld ist sich bewusst, dass er sich mit dem arabischen Nordafrika eines der schwierigsten Missionsgebiete der Welt ausgesucht hat. Wieder ist die Liebe eine entscheidende Motivation für diese Wahl – die Liebe, die Foucauld den Muslimen Nordafrikas entgegenbringt. Die Intensität ihrer Gottesverehrung hatte ihn selbst neu nach Gott fragen lassen, sodass er der muslimischen Welt einen entscheidenden Impuls für sein Zurückfinden zum christlichen Glauben verdankt. Sein Leben wie seine Schriften lassen den hohen Respekt erkennen, mit dem er den Muslimen in Algerien begegnet ist. Er hat ihn wesentlich dadurch zum Ausdruck gebracht, dass er sich intensiv um die Erforschung ihrer Sprache und Gebräuche bemühte. Sein Respekt schloss auch die muslimische Frömmigkeit ein.

Foucauld erkannte, dass weniger die Wortverkündigung in muslimischen Ländern entscheidend ist. Wichtiger ist der gelebte Glaube. „Uns obliegt es, die Nachfolger der ersten Apostel zu sein, der ersten Evangelisten. Das Wort ist wichtig, aber Beispiel, Liebe, Gebet sind tausendmal mehr. Geben wir ihnen das Beispiel eines vollkommenen Lebens, eines höheren und göttlichen Lebens; lieben wir sie mit dieser allmächtigen Liebe, die Gegenliebe wirkt …“[24] Dahinter steht die Einsicht in die Besonderheit einer nachchristlichen Religion, wie der Islam es ist. Jeder Muslim wächst mit der Überzeugung auf, dass er der gegenüber Judentum und Christentum besseren Religion angehört, da der Koran von seinem Selbstverständnis her eine Korrektur und Fortschreibung des Alten und Neuen Testamentes sein will. Foucauld möchte mit den einheimischen Muslimen das Leben teilen und auf diese Weise bewirken, dass diese selbst nach dem christlichen Glauben fragen. Darum ist es ihm so wichtig, Gefährten zu bekommen, um mit ihnen ein gemeinsames christliches Leben zu führen. Vom gemeinsamen Leben erhoffte er sich die Ausstrahlungskraft, die notwendig ist, um Muslime von der Wahrheit des christlichen Glaubens zu überzeugen.

Auch an dieser Stelle ist die Spiritualität Charles de Foucaulds von großer Aktualität. Es kann ja kein Zweifel bestehen, dass die Mission unter Muslimen bis zum heutigen Tag eine der schwierigsten Aufgaben der Christenheit darstellt. Inzwischen gibt es in fast allen traditionell christlichen Ländern größere oder kleinere muslimische Minderheiten. Aber wo werden Muslime durch das Vorbild von Christen für die Wahrheit des Evangeliums gewonnen? Im Gegenteil: Es scheint, als ob viele Muslime gerade dadurch, dass sie die Lebensweise in den westlichen Ländern besser kennenlernen, zu einem bewussten islamischen Glauben zurückkehren. Wo sind christliche Männer und Frauen, die – wie Foucauld – von muslimischen Mitbürgern als christliche Marabuts, als christliche Heilige, geachtet würden? Oder wenigstens als von ihrem Glauben überzeugte und überzeugende Menschen? Wo begegnen sich Christen und Muslime in ihrem ganz normalen Lebenskontext – in gegenseitiger Hilfeleistung, bei wechselseitigem Lernen und im gemeinsamen Feiern? Wo helfen Christen und Muslime einander, wo lernen sie voneinander und wo halten sie füreinander Gottesdienste und beten füreinander?[25] Foucaulds Leben ist ein Beispiel für ein gelungenes Lebenszeugnis unter einer muslimischen Mehrheit. Dabei hat er nie das Ziel aus dem Auge verloren, Muslimen den Glauben an Jesus zu erschließen, den Glauben an den Sohn Gottes, der der Weg zur Erkenntnis der bedingungslosen Barmherzigkeit Gottes ist.

III. Ausgewählte Texte

1. Grundlagen der Spiritualität

a) Liebe zu Gott

„Dein Glück genügt mir" [1891][26]

... Wenn ich auch noch so traurig bin, sobald ich mich vor den Altar hinknie und zu Jesus sage: „Herr, Du bist unendlich glücklich, und nichts fehlt Dir", kann ich nicht anders als hinzufügen: dann bin auch ich glücklich und nichts fehlt mir, Dein Glück genügt mir ... das ist wahr, so muss es sein, wenn wir den Herrn lieben ...

„Ich verliere mich im Anschauen Deiner Seligkeit" [1897][27]

Psalm 2

Mein Gott, wie gut bist Du! Um unseres Heiles willen, um uns in Demut zu halten, uns zu veranlassen, Dich zu suchen, um uns den Wert Deiner Gegenwart erkennen zu lassen, unsern Eifer anzuregen, lässt Du uns zuweilen, vielleicht recht häufig, in Trockenheit und Finsternis: alles wird mühsam für uns auf der Erde; die Erde, weil wir ihr für immer Lebewohl gesagt haben und absolut nichts mehr von ihr wollen; Du selbst, weil Du Dich uns verbirgst: Gebet, Gottesdienst, Betrachtung, heilige Kommunion, alles belastet uns, alles kostet uns Überwindung, selbst Dir zu sagen, dass wir Dich lieben …

„Was kümmert es mich, was ich bin, was ich sein werde, ich bin glückselig, mein Herr und mein Gott, weil ich Dich liebe und nicht mich."

Wir empfinden schmerzlich unser eigenes Elend, unsere Kälte, uns scheint, es liege zwischen Dir und uns ein abgründiges Chaos, Du schauest mit strengem Angesicht auf uns; wir fragen uns, woran wir sind, wohin wir gehen, uns scheint, wir müssten im Treibsand versinken, aus dem es kein Entkommen gibt … Und doch, mein Gott, wie gut bist Du: Du rufst uns zu: „Such dich in Mir!" und gibst uns einen starken Anker, daran wir unsere Freude festmachen können, so fest, dass nichts mehr imstande ist, sie uns zu rauben, selbst nicht die Pforten der Hölle. Dieser Anker ist die Freude über Dein Glück, über Deine unendliche Seligkeit … Du bist glücklich, mehr brauche ich nicht. Du bist glücklich, also bin ich glückselig. Du bist glücklich, also fehlt mir nichts. Du bist glücklich, mein Gott, darum bin ich in Freude … Was kümmert es mich, was ich bin, was ich sein werde, ich bin glückselig, mein Herr und mein Gott, weil ich Dich liebe und nicht mich. Meine Selbstsucht ist in Dir fest geborgen: da Du glücklich bist, warum sollte ich an mich, an Menschen denken: ich verliere mich im Anschauen Deiner Seligkeit, Du, mein Geliebter …

„Dass wir Dich so sehr wie möglich trösten in allen Augenblicken" – Betrachtung zu Mt 28,20 [1897–1899][28]

Während aller Augenblicke Deines sterblichen Lebens hast Du alle Augenblicke der Existenz eines jeden von uns gesehen: in allen Augenblicken Deines sterblichen Lebens hast Du jeden von uns leidenschaftlich, glühend, göttlich geliebt; und da Du damals leidensfähig warst, war jeder Augenblick unseres Lebens für Dich die Ursache von Freude oder Leid; je nachdem, ob er zum Guten oder Bösen benutzt wurde, und je nach dem Grade des Guten oder Bösen war diese Freude oder dies Leid größer oder geringer … Du konntest also in jedem Augenblick Deines sterblichen Lebens aus jedem Augenblick des meinen, des Lebens jedes Menschen, Freude oder Leid empfangen … Ach, da Du in allen Augenblicken Deines Lebens so mit uns warst, mit jedem von uns, durch Deine Allwissenheit, Deine Liebe, durch Freude oder Leid, wie sehr muss man wünschen, beten, sich mühen, dass alle Augenblicke unseres Lebens, des meinigen vornehmlich, aber auch des Lebens jener Menschen, die Du auf meinen Weg gestellt hast, und schließlich aller Menschen, die sind und noch sein werden, Dir nach Möglichkeit zum Trost gereichen …

> Wie sehr muss man wünschen, beten, sich mühen, dass alle Augenblicke unseres Lebens Dir nach Möglichkeit zum Trost gereichen!

Dass wir Dich so sehr wie möglich trösten in allen Augenblicken unseres Lebens, geliebter Jesus, das ist mein einziger Wunsch! Erfülle ihn in Dir, durch Dich, für Dich. Amen.

„Ihm allein gehört mein Herz" [1897–1899][29]

Ich erbitte keine Tröstungen von Jesus (ich verdiene es gar nicht); denn es wäre für mich eine so große Freude, Ihn zu hören oder Ihn im tiefsten Herzen zu fühlen, dass es das Paradies für mich bedeutete – und man kann sein Paradies nicht in dieser Welt haben und in jener. Ich bitte Ihn nur um eines: Ihm treu zu sein. Ach, ich bin es so wenig … Es ist nur recht und billig, dass eine Seele von so geringer Inbrunst keinerlei Süßigkeit kostet … Ja, Gott lässt manchmal solche Finsternisse zu, ohne dass ein Stern an unserem Himmel aufleuchtet … Wir sind Pilger und Fremdlinge auf Erden … Die Pilger schlafen unter Zelten und wandern manchmal durch Wüsten, aber der Gedanke an ihre Heimat lässt sie alle Mühsal vergessen. O ja, wir sind wohl in der Fremde hienieden … Wir müssen unsere Harfen aufhängen und weinen …

Ach, ich liebe meinen Jesus so wenig, dass ich's nicht wage, Ihn meinen Geliebten zu nennen. Und dennoch möchte ich, will ich Ihn mehr lieben als alles, was auf Erden und im Himmel ist. Ihm allein gehört mein Herz und mein Leben.

Ich erbitte keine Tröstungen von Jesus. Ich bitte Ihn nur um eines: Ihm treu zu sein.

Wenn ihr euch müde, traurig, allein fühlt, vom Kummer gebeugt, zieht euch zurück in dies innerste Heiligtum eurer Seele: dort werdet ihr euren Bruder finden, euren Freund, Jesus, der euer Tröster sein wird, eure Stütze und Kraft. Jesus antwortet ihm [dem Beter]:

„Ich will dir alles mit einem Wort sagen: verlasse alles, mein Kind, und du wirst alles finden."

„Glückselig, mit ihrem Geliebten zu leiden" [1898][30]

[Jesus selbst:] „Selig sind, die von den Menschen gehasst und verfolgt werden um Meinetwillen", selig, ja; denn in Meiner Nachfolge werden sie an Meinem Los teilhaben ... als wahre Bräute werden sie voll und ganz das Los ihres Bräutigams teilen ... Selig sind sie, denn gibt es ein schöneres Los, als mit dem Geliebten zu leiden? ... Glückselig, weil ihnen das doppelte Glück zuteil wird, mit ihrem Geliebten und für Ihn zu leiden ... glücklich, denn durch eben diese Leiden wird ihre Liebe zu Mir wachsen: sie wächst im Maß der Leiden, die sie um Meinetwillen erdulden ... und diese wachsende Liebe wird nicht vergänglich sein, sondern sie wird dauern in Zeit und Ewigkeit ...

„Der Gehorsam ist das Maß der Liebe" [1903][31]

Gerade wenn man am schmerzlichsten leidet, heiligt man sich am meisten und heiligt man die anderen am meisten: „Wenn das Weizenkorn nicht stirbt, bringt es keine Frucht ... Wenn ich von der Erde erhöht sein werde, werde ich alles an Mich ziehen!" Jesus rettet die Welt nicht durch Seine göttlichen Worte, nicht durch Seine Wundertaten, nicht durch Seine Wohltaten, sondern durch Sein Kreuz; die fruchtbarste Stunde Seines Lebens ist die Seiner tiefsten Erniedrigung und Vernichtung, die Stunde, in der Er am tiefsten gebeugt ist im Leiden und in der Demütigung …

Der Gehorsam ist das Maß der Liebe: um die vollkommene Liebe zu besitzen, muss man vollkommenen Gehorsam üben …

„Die Liebe besteht nicht darin, zu fühlen" [1916] [32]

Die Liebe besteht nicht darin, zu fühlen, dass man liebt, sondern darin, lieben zu wollen; wenn man über alles lieben will, dann liebt man über alles. Wenn man einer Versuchung unterliegt, so bedeutet das, dass die Liebe nicht stark genug ist; es bedeutet nicht, dass sie nicht vorhanden ist: dann muss man weinen wie der heilige Petrus, bereuen wie der heilige Petrus, sich demütigen wie er, aber auch wie er dreimal sprechen: „Ich liebe Dich, ich liebe Dich. Du weißt, dass ich Dich trotz meiner Schwachheiten und meiner Sünden liebe." Jesus hat Seine Liebe zu uns hinreichend bewiesen, sodass wir an sie glauben, auch ohne sie zu spüren;

Fühlen, dass wir Ihn lieben und dass Er uns liebt, das wäre der Himmel: der Himmel aber ist, außer in seltenen Augenblicken und mit seltenen Ausnahmen, nicht für hier unten.

fühlen, dass wir Ihn lieben und dass Er uns liebt, das wäre der Himmel: der Himmel aber ist, außer in seltenen Augenblicken und mit seltenen Ausnahmen, nicht für hier unten …

b) Konsequente Nachfolge

Dienst für Gott aus Liebe [1896ff.][33]

Genesis 29,20

Die letzten Worte dieser Schriftstelle enthalten einen bemerkenswerten Hinweis: Jakob liebt Rachel und arbeitet sieben Jahre, um sie zu gewinnen, „und diese Jahre kamen ihm wie wenige Tage vor, so lieb hatte er sie …“ Auch wir arbeiten sieben Jahre, um in den Besitz des himmlischen Bräutigams zu gelangen: welche Empfindungen sollten uns während dieser Zeit beseelen? Zweifellos dürfen wir nach Ihm seufzen, mit großem Verlangen das Ende unserer Prüfungszeit herbeisehnen; aber obwohl wir die sieben Jahre beschleunigen möchten, um das Ziel zu erreichen, sollen die Tage uns rasch vergehen … Warum? Weil einer, der von Liebe glüht und brennt, alles mit so viel Schwung und Hingabe tut, dass er gar nicht merkt, wie die Zeit vergeht. So sollte es bei uns sein … Während wir glühend das Ende unserer Verbannung herbeiwünschen, sollen Tage, Monate, Jahre an uns vorübergehen wie ein Traum: denn wenn wir lieben, werden wir alle Augenblicke ausnahmslos dazu verwenden, an den Geliebten zu denken, für Ihn zu arbeiten.

Und wie sollten Zeiten, die ausgefüllt sind mit dem Gedanken an den Geliebten, mit Seinem Dienst, dem von Liebe verzehrten Herzen nicht vorübergehen wie ein Blitz? … Lassen wir uns von Jakob belehren! Wenn die Zeit uns lang wird, wenn Traurigkeit, Überdruss, Entmutigung unsere Seele bedrohen, lasst uns an Jakob denken und uns sagen: Du liebst nicht … liebtest du, so würdest du an deinen Geliebten denken, und die Zeit verginge dir rasch, du würdest für den Geliebten arbeiten, und die Zeit verginge dir rasch. Denke Tag und Nacht an den Geliebten und wie du Ihm dienen könntest, denke an Ihn mit einem Herzen, das vor Liebe brennt, und die Jahre werden dir wie Jakob kürzer scheinen als Tage …

Wenn wir lieben, werden wir alle Augenblicke ausnahmslos dazu verwenden, an den Geliebten zu denken, für Ihn zu arbeiten.

Lass mich entbrennen, mein Gott, ändere mein Herz, gib, dass ich Dich liebe!

Unterschiedliche Formen der Berufung [1897–1899][34]

Markus 5,18-20

… Ganz gewiss ist es ein Gut und eine Gnade, am Leben Jesu teilzuhaben wie die Apostel und mit ihnen, und man sollte stets eine so nahe Nachfolge anstreben. Aber das ist nur eine äußere Gnade. Wenn Gott uns innerlich begnadet, kann Er uns ohne die vollkommene Nachfolge (die zwar immer, aber nur im Maß Seines Willens erstrebenswert ist) weit mehr heiligen als mit ihr … Wenn Er in uns den Glauben, die Hoffnung, die Liebe mehrt, kann Er uns mitten in der Welt oder in einem Orden milderer Regel weit vollkommener machen, als wären wir in der Wüste oder in einem strengen Orden, was uns nicht hindert, eher zur Wüste zu streben als zur Welt und eher zu den strengen als zu den milderen Orden …

Wenn Gott in uns den Glauben, die Hoffnung, die Liebe mehrt, kann Er uns mitten in der Welt … weit vollkommener machen, als wären wir in der Wüste.

Die wahre und einzige Vollkommenheit besteht nicht darin, diese oder jene Art Leben zu führen, sondern darin, den Willen Gottes zu tun, das heißt, die Art Leben zu führen, die Gott will, wo Er will, und es so zu führen, wie Er selbst es geführt hätte ... Wenn Er die Wahl uns selbst überlässt, dann wollen wir suchen, Ihm Schritt für Schritt so genau wie möglich nachzufolgen, Sein Leben, so wie es war, zu teilen ... die Liebe drängt uns zu dieser Nachfolge. Gott lässt uns die Freiheit der Wahl nur deswegen, weil Er wünscht, dass wir unsere Segel dem Wind der reinen Liebe entgegenspannen und dass wir, von ihm getrieben, Ihm nacheilen im Duft Seiner Wohlgerüche, in einer genauen Nachfolge ...

Und sollte Gott uns eines Tages für eine Zeit lang oder für immer diesen schönen und vollkommenen Weg verschließen, so darf uns das nicht verwirren oder erstaunen ... Gehorchen wir, tun wir Seinen Willen, den wir durch einen weise gewählten geistlichen Vater erfahren. Folgen wir Ihm weiter nach in der Übung der Tugend und, soweit dies möglich ist, in der Lebensweise, Armut usw. ... Verhalten wir uns in allen Lebenslagen so, wie Er sich verhalten hätte ...

Nur darin ist Vollkommenheit ... Der Wille Gottes, dieser einzige Wille, da zu sein, wo Gott uns will, zu tun, was Gott von uns will, in allen Lebenslagen, worin Gott uns will, zu denken, zu reden, zu handeln, wie Jesus gedacht, geredet, gehandelt hätte, wenn der Wille des Vaters Ihn in diese Lage versetzt hätte.

Bekehrung [Brief an Henry de Castries, 1901][35]

Mein lieber Freund,

... Sie sagten mir, Ihr Glaube sei erschüttert ... Lassen Sie mich Ihnen sagen: wenn man die Wahrheit liebt wie Sie und alle Mittel besitzt, sie kennenzulernen, wird man sie immer finden: deshalb ist mein Innerstes Ihretwegen auch gar nicht beunruhigt ...

Da ich als Mönch nur für Gott lebe und im Hinblick auf Ihn die Seelen mit der ganzen Glut meines Herzens liebe, weil sie Sein Ebenbild, Sein Werk, Seine Töchter, Seine Lieben sind, geschaffen, um ewig „Gott zu sein durch Teilnahme", wie Er es der Wesenheit nach ist, erkauft durch Jesu Blut, und da ich mit Ihm, der unerschaffenen und unendlichen Liebe nicht vereint sein kann, ohne aus ganzem Herzen zu lieben, Seinem Wort gemäß: „Liebet einander, daran wird man erkennen, dass ihr meine Jünger seid", kann ich nicht mit Ihnen sprechen und an Sie denken, ohne Ihnen innigst das einzige Gut zu wünschen, das ich mir selber wünsche: Gott, der erkannt und geliebt wird und dem wir dienen in Zeit und Ewigkeit ...

Alles, was nicht dahin führt, Gott besser zu erkennen und Ihm besser zu dienen, ist verlorene Zeit.

Verzeihen Sie, wenn ich so vertraulich mit Ihnen spreche; oder vielmehr, ich bitte Sie nicht um Verzeihung. Denn ich bin sicher, dass Sie mich verstehen und mich billigen. „Allah akbar", Gott ist größer, größer als alle Dinge, die wir aufzählen können. Schließlich verdient Er allein, Gegenstand unseres Denkens und unserer Worte zu sein ... wenn ich, um Ihnen zu schreiben, das Schweigen des Klosters breche, so geschieht es, damit wir uns gegenseitig helfen, Ihn besser kennenzulernen, Ihm besser zu dienen: alles, was nicht dahin führt – Gott besser zu erkennen und Ihm besser zu dienen –, ist verlorene Zeit.

Ich beginne ... mit meiner Beichte; Ihr Glaube ist nur erschüttert worden, ach, der meine war jahrelang gänzlich tot; zwölf Jahre lang habe ich ohne jeden Glauben gelebt; nichts schien mir ausreichend bewiesen; dass man mit derselben Gläubigkeit so viele verschiedene Religionen befolgt, schien mir die Verwerfung aller Religionen zu rechtfertigen; am wenigsten annehmbar schien mir der Glaube meiner Kindheit mit seinem 1 = 3, das anzunehmen ich mich nicht entschließen konnte. Der Islam gefiel mir gut mit seiner Einfachheit, Einfachheit in Dogma, Hierarchie und Sittengesetz, doch sah ich deutlich, dass er der göttlichen Stiftung entbehrt und also nicht die Wahrheit war. Die Philosophen sind sich alle uneinig. Zwölf Jahre lang blieb ich so, leugnete nichts und glaubte nichts, verzweifelte an der Wahrheit und glaubte nicht einmal an Gott, weil kein Beweis mir klar genug schien … ich lebte so, wie man leben kann, wenn der letzte Glaubensfunke erloschen ist.

> „Mein Gott, wenn Du wirklich da bist, gib, dass ich Dich erkenne!"

Durch welches Wunder hat mich die grenzenlose Barmherzigkeit Gottes aus solcher Ferne zurückgeholt? Ich kann es nur einem einzigen Umstand zuschreiben: der unendlichen Güte Dessen, der selbst gesagt: „Quoniam bonus, quoniam in saeculum misericordia eius" [… denn Er ist gut, denn ewig währet Sein Erbarmen (Ps 136,1)], und Seiner Allmacht …

Als ich in Paris war und meine Reise nach Marokko drucken ließ, befand ich mich in Gesellschaft sehr intelligenter, sehr tugendhafter und sehr christlicher Menschen; ich sagte mir (verzeihen Sie meine Ausdrucksweise, ich wiederhole meine Gedanken laut): „Vielleicht ist diese Religion gar nicht absurd." Gleichzeitig fühlte ich mich durch eine innere Gnade äußerst stark angetrieben; ich fing an, in die Kirche zu gehen, ohne zu glauben, fühlte mich nur dort wohl und verbrachte lange Stunden dort, indem ich dieses seltsame Gebet wiederholte: „Mein

Gott, wenn Du wirklich da bist, gib, dass ich Dich erkenne …" Es kam mir der Gedanke, ich müsste mich über diese Religion vergewissern, in der sich vielleicht die Wahrheit fand, an der ich verzweifelte; ich sagte mir, es wäre wohl das Beste, Unterricht in der katholischen Religion zu nehmen, wie ich Unterricht in der arabischen Sprache genommen hatte …

Man nannte mir einen hervorragenden Priester, einen ehemaligen Schüler der Ecole Normale [Lehrerakademie]; ich fand ihn in seinem Beichtstuhl und sagte ihm, ich sei nicht gekommen, um zu beichten, denn ich hätte keinen Glauben, sondern wünsche nur einiges über die katholische Religion zu erfahren … Der gute Gott, der so machtvoll das Werk meiner Bekehrung durch jene starke innere Gnade, die mich fast unwiderstehlich zur Kirche trieb, begonnen hatte, vollendete es: der mir unbekannte Priester, an den ich mich gewandt hatte und der neben großer Bildung noch größere Tugend und Güte besaß, wurde mein Beichtvater und ist seit den fünfzehn Jahren, die inzwischen verflossen sind, mein bester Freund …

Sobald ich glaubte, dass es einen Gott gibt, begriff ich, dass ich nur noch für Ihn leben könne: die religiöse Berufung kam mir zur selben Stunde wie der Glaube: Gott ist so groß, es besteht ein solcher Unterschied zwischen Gott und allem, was nicht Er ist … Im Anfang hatte der Glaube viele Hindernisse zu überwinden; nachdem ich so viel gezweifelt hatte, glaubte ich nicht alles an einem Tage; bald schienen mir die Wunder des Evangeliums unglaubhaft, bald wollte ich Stellen aus dem Koran in mein Gebet einflechten. Doch Gottes Gnade und der Rat meines Beichtvaters zerstreuten die Wolken … Ich wollte ins Kloster gehen, nur noch für Gott leben und das Vollkommenste tun, was immer es auch sei …

Sobald ich glaubte, dass es einen Gott gibt, begriff ich, dass ich nur noch für Ihn leben könne.

Mein Beichtvater ließ mich drei Jahre lang warten; und obwohl ich mich sehnte, mich „in reinem Selbstverlust vor Gott zu verströmen“ … wusste ich selber nicht, welchen Orden ich wählen sollte. Das Evangelium zeigte mir, dass das erste Gebot ist, Gott von ganzem Herzen zu lieben und dass diese Liebe alles umschließen müsse. Jeder weiß, dass die erste Wirkung der Liebe die Nachahmung ist; daraus ergab sich, dass ich in einen Orden eintreten müsse, wo ich die genaueste Nachahmung Jesu finden würde. Ich fühlte mich nicht dazu bestimmt, sein öffentliches Leben in der Verkündigung nachzuahmen; so sollte ich also das verborgene Leben des demütigen und armen Handwerkers von Nazareth nachahmen. Mir schien, dieses Leben begegne mir nirgends besser als im Trappistenkloster. Was der liebe Gott mir an Familie gelassen hatte, liebte ich zärtlich; ich wollte ein Opfer bringen, um Den nachzuahmen, der so viele Opfer gebracht hat, und ging vor zwölf Jahren fort in ein Trappistenkloster in Armenien. Dort verbrachte ich sechseinhalb Jahre; dann sehnte ich mich nach noch tieferer Entäußerung und größerer Niedrigkeit, um Jesus noch ähnlicher zu werden; ich ging nach Rom und erhielt vom Ordensgeneral die Erlaubnis, allein nach Nazareth zu gehen und dort unbekannt, als Arbeiter, von meiner täglichen Arbeit zu leben; ich blieb … dort in Zurückgezogenheit, in Einsamkeit und gesegneter Sammlung im Genuss der Armut und Niedrigkeit, nach der Gott mir solch brennende Sehnsucht gegeben hatte, damit ich Ihn nachahme.

Es ist gerade ein Jahr her, seit ich auf den Rat meines Beichtvaters nach Frankreich zurückgekehrt bin, um hier die heiligen Weihen zu empfangen. Ich bin gerade zum Priester geweiht worden und unternehme die notwendigen Schritte, um in der Sahara „das verborgene Leben Jesu in Nazareth“ fortzusetzen, nicht um zu predigen, sondern um in der Einsamkeit, Armut und demütigen Arbeit Jesu zu leben und mich dabei zu bemühen, den Seelen Gutes zu tun, nicht durch das Wort, sondern durch Gebet, Darbringung des Messopfers, Buße, Übung der Liebe …

Weshalb dieses lange Bekenntnis, lieber Freund? Nach den beiden Briefen, die Sie mir gütigst geschrieben haben, schien mir, es bestehe eine ganz kleine Ähnlichkeit zwischen Ihrem Geisteszustand und dem, in welchem ich mich vor fünfzehn Jahren befand, allerdings nur eine sehr, sehr kleine Ähnlichkeit, glücklicherweise: denn Ihr Glaube ist nur ein bisschen erschüttert, während der meine tot war. Und vor allem besteht Ihr Leben aus Tugend und guten Werken, während bei mir leider das genaue Gegenteil der Fall war …

So sollte ich also das verborgene Leben des demütigen und armen Handwerkers von Nazareth nachahmen.

Den unendlichen Frieden, das strahlende Licht, das unveränderliche Glück, das ich seit zwölf Jahren genieße, werden auch Sie finden, wenn Sie den Weg gehen, den der gute Gott mich geführt hat; beten, viel beten; sich einen guten Beichtvater suchen, der mit großer Sorgfalt zu wählen ist, und seinen Rat gewissenhaft befolgen, wie man den Rat eines guten Lehrers befolgt; das Evangelium lesen, nochmals lesen, betrachten und sich mühen, es praktisch ins Leben umzusetzen. Mit diesen drei Dingen können Sie den Weg nicht verfehlen und werden rasch zu jenem Licht gelangen, das alle Dinge dieses Lebens verwandelt und aus der Erde einen Himmel macht, weil es unseren Willen mit dem Willen Gottes vereint …

Umhüllt von Licht und Glück [1896f.][36]

Genesis 28,11 – Ende

… Gerade zu der Zeit, da Jakob unterwegs ist, arm und ganz allein, da er sich auf den nackten Boden legt, um nach langer Fußwanderung auszuruhen, gerade zu der Zeit, da er sich in der unangenehmen Lage des einsamen Wanderers befindet, mitten unterwegs in einem fremden, barbarischen Land, ohne Unterkunftsmöglichkeit, gerade zu der Zeit, da er sich in dieser trostlosen Lage befindet, da überschüttet Gott ihn mit unsagbarer Gnade:

Er erscheint ihm in einer herrlichen Vision und, nachdem Er ihm gezeigt hat, wie die Engel unaufhörlich mit der Hut der Menschen betraut sind, wobei sie fortwährend von der Erde zum

Himmel und vom Himmel zur Erde steigen, um ihnen alles Notwendige zu verschaffen, verspricht Er ihm, ihn auf der Reise zu beschützen, ihn während seines Lebens und nach dem Tode mit Gnaden reich zu machen, verheißt ihm, dass in einem seiner Nachkommen alle Völker der Erde gesegnet werden, dass der Erlöser unter seinen Kindeskindern geboren werden soll … Er hüllt ihn so in Licht und Glück, dass Jakob, der arme Wanderer, der sich so traurig und niedergedrückt schlafen legte, aufsteht und ruft: „Hier ist Gottes Haus und die Pforte des Himmels!“ …

O mein Gott, Dir ist es leicht, Schmerz in Freude umzuwandeln, Berge einzuebnen, spielend leicht zu machen, was eben noch unmöglich schien!

Wer sollte sich jetzt noch fürchten, wenn er, um Dir, mein Gott, zu folgen, um Dich mehr zu lieben, Dir besser zu dienen, weite Wegstrecken durch unbekannter Völker Land zu Fuß durchwandern muss, allein und arm? Wer sollte sich noch ängstigen, wenn Du die, welchen Du solche Mühen zumutest, mit höchsten Freuden überflutest? O mein Gott, Dir ist es leicht, Schmerz in Freude umzuwandeln, Berge einzuebnen, spielend leicht zu machen, was eben noch unmöglich schien … „Suchet zuerst das Reich

Gottes, und alles Übrige wird euch hinzugegeben werden …"

Lasst uns das Vollkommenste tun, wagen wir es, und Gott wird es gelingen lassen … Wir wollen uns nicht vor den langen Wegen fürchten, auf denen wir allein gehen und unser Brot erbetteln … sobald wir nur erkennen, dass diese Wege das Vollkommenere bedeuten. Wir sind niemals allein: unser Schutzengel deckt uns mit seinen Flügeln, Jesus ist in unserm Herzen, Gott hüllt uns ein … und gerade auf den Wegen, die uns trostlos erscheinen, nötigt Gott uns zu rufen: „Hier ist Gottes Haus und die Pforte des Himmels!"

In Armut [Brief an die Cousine Marie de Bondy, 1891][37]

… Gestern vor anderthalb Jahren sagte ich Ihnen Lebewohl; mir scheint gleichzeitig, es sei gar nicht lange und doch auch wieder lange her. Die Monate fügen sich aneinander, und einmal kommt der letzte …

Der Wille des Herrn geschehe, ich ginge gern bald zu Ihm, doch nichts lässt mich das hoffen … Es geschehe ganz nach Seinem heiligen Willen, ob ich nun kurze oder lange Zeit hier bleibe, wenn Er nur aus unserm kurzen oder langen

Leben möglichst viel Linderung für Sein Herz gewinnt; das ist alles, was wir beide brauchen, wir überlassen uns Ihm und wollen nur für Ihn leben …

Das hindert aber nicht, dass wir den Tag preisen, an dem Er uns ruft, im Gegenteil, wir würden Ihn wenig lieben, wenn wir nicht mit großer Sehnsucht danach verlangten, Ihn zu sehen. Er selber wünschte am Osterabend mit großem Verlangen, den Vater zu sehen.

Das kleine Vermögen … es macht mir Spaß, es zum Fenster hinauszuwerfen … Und dann ist Schluss mit dem materiellen Besitz!

Mit derselben Post reiche ich das Gesuch um meine Entlassung als Reserveoffizier ein und stelle den Antrag, ohne jeden Dienstgrad in die Landwehr überschrieben zu werden. Ich freue mich über diesen Schritt: am 15. Januar habe ich alles verlassen, was für mich ein Gut war; aber es blieb noch ein elendes Hindernis, der Dienstgrad, das kleine Vermögen, und es macht mir Spaß, es zum Fenster hinauszuwerfen … in ungefähr zwei Monaten bekomme ich die Akten zur Unterschrift für die Schenkung meines kleinen Guthabens, und dann ist Schluss mit dem materiellen Besitz.

Hinwendung zu den Armen [1897][38]

Psalm 81 [82]

… Auf allen Seiten der Heiligen Schrift empfiehlt Gott uns Seine armen, Seine enterbten Kinder.

Lasst uns denen Freunde sein, die keine Freunde haben.

Hören wir auf Seine Stimme, seien wir den Unglücklichen Vater, Bruder, Kind, lasst uns für sie Trost, Zuflucht, Geborgenheit, Heim, Vaterhaus sein. Dann werden wir Väter, Brüder, Kinder Jesu sein, werden Sein Trost, Seine Zuflucht, Seine Hilfe, Sein Heim, Sein Haus sein.

Kümmern wir uns nicht um solche, die keinen Mangel leiden, an die alle denken. Kümmern und sorgen wir uns um die, denen alles fehlt, an die niemand denkt. Lasst uns denen Freunde sein, die keine Freunde haben. Verbinden wir die Wunden des Lazarus, statt dem Reichen, mag er auch noch so gut sein, Geschenke zu machen. Lasst uns den Verlassenen, Enterbten, Elenden Vater, Bruder, Kind sein, dann werden wir Väter, Brüder, Kinder Jesu sein.

Wir wollen die Reichen lieben, weil sie Kinder Gottes sind; doch wir wollen uns nicht mit ihnen befassen, weil sie es nicht nötig haben. Widmen wir uns den Armen, weil sie alles benötigen und weil Jesus sie uns vermacht hat, nicht einfach als

Brüder, sondern als Sich-selbst, Den wir in ihnen pflegen, ernähren, bekleiden, trösten, heiligen, retten, lieben sollen. Sie sind, sagt Er, „Seine Brüder", die Familie, die Er angenommen hat und die Er uns hinterlässt. An uns ist es, ob wir sie aus Seiner Hand annehmen wollen oder nicht.

… Wir sind alle Söhne des Allerhöchsten! Alle … der Ärmste, der Abstoßendste, ein neugeborenes Kind, ein altersschwacher Greis, das unintelligenteste, verworfenste Menschenwesen, ein Idiot, ein Verrückter, ein Sünder, der schlimmste Sünder, der Unwissendste, der Allerletzte, einer, der physisch und moralisch am meisten abstößt, auch er ist ein Kind Gottes, ein Sohn des Allerhöchsten, auch ihn begleitet ein von Schönheit und Macht strahlender Schutzengel.

Wir wollen die Reichen lieben, weil sie Kinder Gottes sind; doch wir wollen uns nicht mit ihnen befassen, weil sie es nicht nötig haben.

Wie sehr müssen wir jedes menschliche Wesen hochschätzen, wie sehr müssen wir jeden Menschen lieben! Er ist Kind Gottes! Gott will, dass Seine Kinder einander lieben, so wie ein guter Vater will, dass seine Söhne sich lieben. Lasst uns jeden Menschen lieben, weil er unser Bruder ist und weil Gott will, dass wir ihn als Bruder betrachten und herzlich lieben, weil er das Kind des geliebten und angebeteten Gottes ist! Weil er um den Preis des Blutes unseres Herrn erkauft und mit Seinem Blute wie mit einem Mantel umhüllt ist. Weil Gott ihn liebt, weil Jesus ihn liebt, denn Er vollbrachte für ihn das Opfer von Golgotha; weil Gott ihn so liebt, dass Er den Sohn für ihn hingibt, weil Jesus ihn liebt in Gemeinschaft, Nachahmung, Vereinigung, vollkommener Gleichförmigkeit mit Gott und sich so für ihn zum Opfer darbringt.

Lasst uns jeden Menschen hochschätzen und lieben aus Herzensgrund im Hinblick auf Gott, unsern gemeinsamen Vater.

Lasst uns diesen Menschen lieben, den Gott in jedem Augenblick seines Lebens liebt, dem Er bis zur letzten Minute seines Daseins mit unendlicher Geduld und Güte alles gibt, was nötig ist, um ewig im Himmel zu leben und auf wunderbare Weise Anteil zu haben am göttlichen Erbe. Lasst uns jeden Menschen hochschätzen und lieben aus Herzensgrund im Hinblick auf Gott, unsern gemeinsamen Vater …

Arm aufgrund des Vorbilds Jesu [1897][39]

[Unser Herr:] „Warum Ich ärmer sein wollte als der ärmste Arbeiter? Weil Ich gekommen bin, die Menschen die Verachtung weltlicher Ehren, die Verachtung weltlicher Güter zu lehren, und weil Ich Wert darauf legte, ihnen ein Beispiel von größter Armut, von äußerster Erniedrigung zu geben. Tu' das Gleiche ... Du musst es aus demselben Grunde tun wie Ich, einschließlich jenes Letzten; denn es gehört zu deiner Berufung, das Evangelium von den Dächern zu rufen, nicht durch dein Wort, sondern durch dein Leben ..."

Arm aus Liebe zu Gott und zur Freiheit [1897][40]

Mein Gott, ich weiß nicht, wie manche Menschen es fertigbringen, Dich arm zu sehen und dennoch reich sein mögen, sich so viel großartiger zu sehen als ihren Meister, als ihren Geliebten, und Dir nicht, soweit es in ihrer Macht steht, in allem gleichen wollen und erst recht in Deiner Erniedrigung. Ich möchte ja nicht bestreiten, dass sie Dich lieben, mein Gott, aber ich glaube doch, dass ihrer Liebe etwas fehlt; ich jedenfalls kann nicht begreifen, wie man lieben kann ohne Verlangen, ohne ein gebieterisches Verlangen nach Gleichgestaltung, nach Ähnlichkeit und vor allem danach, alle Mühen, alle Schwierigkeiten, alle Härten des Lebens zu teilen ... Reich sein, bequem und gemächlich im Wohlstand leben, während Du arm, eingeschränkt und mühsam von harter Arbeit leben musstest: das kann ich nicht, mein Gott ... so kann ich nicht lieben ...

„Es ziemt dem Knecht nicht, größer zu sein als der Herr“, noch der Braut, reich zu sein, wenn der Bräutigam arm ist, erst recht, wenn er aus freiem Willen arm ist und wenn er vollkommen ist ... Wenn die heilige Teresa des Drängens der Leute müde war, sie solle doch regelmäßige Einkünfte für ihr Kloster in Avila annehmen, war sie manchmal nahe daran, einzuwilligen; aber wenn sie dann in ihre Kapelle zurückkam und das Kreuz sah, fiel sie vor ihm nieder und bat Jesus, der nackt an diesem Kreuze hing, Er möge ihr die Gnade gewähren, niemals Einkünfte zu beziehen und arm zu sein wie Er ... Ich richte niemand, mein Gott, die andern sind Deine Diener und meine Brüder; ich soll sie nur lieben, ihnen Gutes tun und für sie beten; aber mir für meinen Teil ist es unmöglich, eine Liebe zu begreifen, die nicht strebt nach Ähnlichkeit und nicht danach verlangt, an allem Kreuze teilzuhaben ...

Ich jedenfalls kann nicht begreifen, wie man lieben kann ohne ein gebieterisches Verlangen nach Gleichgestaltung, nach Ähnlichkeit.

... wie frei ist die Seele des Armen, der nichts besitzt und nichts liebt auf Erden! ... Alles gilt ihm gleich: ob man ihn hierhin oder dorthin schickt, das macht ihm wenig aus: er hat nirgends etwas zu verlieren ... Den Einzigen, von dem er alles erwartet, findet er überall: Gott, der ihm immer das Beste für seine Seele gibt, wenn er treu bleibt ...

Wie frei er ist! Wie leicht ist sein Geist für den Aufstieg zum Himmel! Wie unbeschwert sind seine Flügel! Wie rein fliegen seine von allen irdischen Fesseln befreiten Gedanken gen Himmel! Wie wenig belästigen ihn beim Gebet Gedanken an irdische Dinge, kleine oder große (denn die kleinen und kleinsten stören genauso wie die größten), wie wenig können sie ihn in seinem inneren Beten ablenken! ... All das gibt es nicht für ihn ...

Wie frei ist die Seele des Armen, der nichts besitzt und nichts liebt auf Erden! Er hat nirgends etwas zu verlieren ... Den Einzigen, von dem er alles erwartet, findet er überall.

Anteilhabe am verborgenen Leben Jesu [1897/1898][41]

[Jesus selbst:] „Sieh dir das Leben an, das Ich dir bereitet habe: gleicht es nicht ganz und gar Meinem verborgenen Leben? Du hast es in seinen großen Zügen ebenso wie in seinen kleinsten Einzelheiten. Im Trappistenkloster war es dir nicht ähnlich genug ... In welcher Vollendung ist es dir nun gewährt! Wie habe Ich dich verwöhnt! In Nazareth hast du es ... unbekannt ... grenzenlos arm ... erniedrigt, in Kittel und Sandalen, als armer Hausknecht bei armen Nonnen ... die einen halten dich für einen Arbeiter der untersten Stufe, die anderen für einen Ausgestoßenen, manche vielleicht für den Sohn eines Taugenichts, die meisten, alle fast, für einen Verrückten ...

Du gehorchst, du gehorchst den Nonnen, den Pförtnerinnen, wie Ich meinen Eltern; du befiehlst niemand, gar niemand ... du arbeitest, du tust alles, was man dir sagt, einmal dies, ein andermal jenes, nie etwas für dich selbst, nichts was du selber möchtest ... Deine Zeit ist aufgeteilt in Arbeit, Gebet und geistliche Lesung, so wie Ich es hielt, und diese Zeit ist ebenso eingeteilt wie die Meine, nämlich so, wie es deiner Meinung nach Meiner Art am meisten entsprach, im Gehorsam gegen deinen geistlichen Führer, der deine Verteilung der Gebete, Lesungen und Arbeiten in allem gutgeheißen hat. ‚Wer ihn hört, hört Mich ...' Du ahmst Mich nach in allem: im ständigen Gehorsam gegen Meinen Vater durch den ständigen Gehorsam gegen deinen geistlichen Führer; in dem, was er dir zu tun befiehlt, nämlich zu tun, was Ich tat, zu sein, was Ich war, zu leben, wo Ich lebte, in allem Mein

Abbild zu sein; indem du am selben Ort wie Ich dasselbe Leben führst wie Ich; vor allem aber in deiner Seele ..."

Vorbild des Lebens Jesu in Nazareth

„... sie kehrten nach Galiläa in ihre Stadt Nazareth zurück." – Lukas 2,39

[Jesus selbst:] „... Und wieder bin Ich dort um euretwillen, aus Liebe zu euch ... Wie sieht dieses Leben aus? Ich führe es, um euch zu lehren:

... Alle, die vollkommen sein wollen, müssen arm leben, indem sie Meine Armut zu Nazareth getreulich nachahmen. Wie deutlich predigte Ich in Nazareth die Demut, denn dreißig Jahre lang tue Ich diese unscheinbaren Arbeiten; die Unscheinbarkeit, denn dreißig Jahre lang bleibe Ich ganz unbekannt, Ich, das Licht der Welt; den Gehorsam, der Ich dreißig Jahre lang meinen Eltern untertan war, die wohl heilig waren, aber doch Menschen, und Ich bin Gott! ... Da ihr nun gesehen habt, wie lange Zeit Ich gehorsam war gegen jene, denen Ich keinerlei Gehorsam schuldete, deren Herr und Meister Ich war und Schöpfer und Richter, wie könntet ihr einen vollkommenen Gehorsam jenen verweigern, von denen Ich, euer Gott, euch sage: ‚Wer sie hört, hört Mich!'"

Weg durch die Wüste [1897][42]

Psalm 104

Wenden wir diesen Psalm auf uns selbst an: es ist die Geschichte unserer Seele. Gott hat uns mit eigener Hand der Welt entzogen, ohne unser Zutun, durch unerhörte Gnadenwunder. Er hat uns in die Wüste geführt, damit wir die wenigen Tage unseres Lebens in Heiligkeit verbringen und uns reinigen, bevor wir das Gelobte Land betreten.

Die Wüste ist nur ein sehr kurzer Durchgang, eine Zeit der Reinigung und Prüfung, angefüllt mit unendlich hohen Gnaden; sie ist der Ort, wo man das Gesetz im Einzelnen genau empfängt – in Ägypten kannte man es nur in einigen unbestimmten Umrissen –, wo man den Gottesdienst im Zelte feiert, so gut es auf der Pilgerfahrt geht; man nährt sich dort von himmlischer Speise, isst Engelsbrot, Manna; es mangelt an nichts, Gott selbst ernährt und kleidet uns.

Man besiegt dort auf wunderbare Weise alle seine Feinde, vorausgesetzt, dass man betet und dem von Gott gegebenen Führer gehorcht: Gott ist dort immer bei uns, mitten unter uns, Gott spricht dort zu uns, Gott führt uns beständig: bald lässt Er uns Seine Stimme hören, bald führt Er uns durch Seinen Stellvertreter. Gott versetzt uns dort in einen Zustand der Reinheit und Heiligkeit, macht uns zu Seinem auserwählten Volk, das im hellen Lichte wandert und lebt, in der Erkenntnis und der Liebe Gottes, im Gehorsam gegen Ihn und unter Seiner Führung, während die übrige Erde in Unwissenheit, Kälte und Finsternis getaucht ist.

Die Wüste ist nur ein sehr kurzer Durchgang, eine Zeit der Reinigung und Prüfung, angefüllt mit unendlich hohen Gnaden.

Und in der Wüste, die schon gesegnet ist, lässt Er uns nur so lange, als notwendig ist, um unsere Seelen heranzubilden, damit wir würdig und fähig sind, eingeführt zu werden in das wahre Gelobte Land, den Himmel.

Versuchungen sind keine Sünde [1898][43]

Lukas 4,12

[Jesus:] „Ich habe dem Satan gestattet, Mich in der Wüste zu versuchen, Ich tat es euretwegen, aus Liebe zu euch, zu eurer Belehrung … einmal, damit ihr wisst, dass es in der Wüste mehr Versuchungen gibt als anderswo, und damit die, welche sich Mir zuliebe in die Einsamkeit zurückziehen, von der Menge der Versuchungen nicht überrascht und entmutigt werden; sodann aber auch, damit ihr alle seht, dass die Versuchung nicht Sünde ist: denn Ich selbst werde versucht, und zwar in ungeheuerlichen Dingen (deshalb sollt ihr weder betrübt noch entmutigt sein, wenn ihr in Versuchung geratet; ihr sollt auch eure Brüder nicht tadeln oder verachten, wenn sie in Versuchung geraten); endlich, damit ihr seht, wie man der Versuchung begegnet. Man muss ihr sofort widerstehen, sobald sie auftritt, vom ersten Augenblick an.

Ein ausgezeichnetes Mittel, sie zu bekämpfen, ist, ihr Worte der Heiligen Schrift entgegenzustellen, die von ihrem Ursprung her göttliche Kraft besitzen. Deshalb ist es notwendig, die Heilige Schrift gut zu kennen. Lest sie, lest sie immer wieder, denkt darüber nach, hört nicht auf, immer tiefer in sie einzudringen … Nicht nur der Nutzen für eure Seele, nicht nur Mein Beispiel, auch die Ehrfurcht und Liebe, die ihr Mir schuldet, machen es euch zur Pflicht; denn wenn Ich spreche, sollt ihr auf Mich hören, und die Schrift ist Mein Wort …"

Jeder ist zur Nachfolge berufen [1897f.][44]

„Er sah Levi, den Sohn des Alphäus, am Zollhaus sitzen und sprach zu ihm: Folge Mir nach!"
– Markus 2,14

Kein Stand ist so verachtet, so verachtenswert, dass Du daraus nicht Menschen berufen würdest, nicht nur um sie zu retten, sondern um sie zu Deinen Lieblingen zu machen, sie als Erwählte zu großer Heiligkeit zu führen. Du hebst die verlorenen und zertretenen Drachmen aus dem Staub der Straße und gibst ihnen die ursprüngliche Schönheit zurück. Verzweifeln wir nie an uns selbst oder an andern, an keinem, mag er in Lastern noch so verkommen sein, mag jedes bessere Gefühl in ihm erloschen sein.

Verzweifeln wir nie an uns selbst oder an andern, an keinem, mag er in Lastern noch so verkommen sein. Du hebst die verlorenen Drachmen aus dem Staub der Straße und gibst ihnen die ursprüngliche Schönheit zurück.

Nicht nur an unserer Rettung lasst uns nie verzweifeln, sondern auch nicht an der Möglichkeit, dass wir zu wunderbarer Heiligkeit gelangen. Gott ist mächtig genug auch dazu, und der Gute Hirte kann die Schafe genauso gut in der elften wie in der ersten Stunde heimholen in den Schafstall; Seine Güte und Allmacht sind ohne Grenzen. Alles zu erhoffen ist eine Verpflichtung für uns: der Heilige Geist, der durch den Apostel Paulus spricht, will es.

Die Nachfolge ist ein Weg voller Hoffnung [1897f][45]

„Ein Engel erschien Joseph im Traume" – Matthäus 2,19

Lasst uns immerdar hoffen! ... Du lässt uns nicht in der Dunkelheit, wenn wir Licht brauchen ... Es kann für uns Zeiten der Dunkelheit geben, sie können lange dauern und leidvoll sein; aber das ist dann ein Zeichen, dass die Dunkelheit für unsere Seele heilsam ist und dass Du in der Dunkelheit über uns wachst und uns an der Hand führst, ohne dass wir es spüren. Wenn unsere Seelen Licht brauchen, gibst Du es immer ...

Gottes Güte und Allmacht sind ohne Grenzen.

c) Gemeinschaft von Brüdern und Schwestern

Plan einer Gemeinschaft des „Lebens Jesu in Nazareth" [1893][46]

Schon lange habe ich Ihnen nicht geschrieben, Herr Vikar, und da ich Erlaubnis dazu habe, klingle ich an Ihrer Tür, um mit Ihnen zu plaudern ... „Und was macht die Seele?" Das fragten Sie immer gleich zu Anfang ... Mir scheint, da hat sich nicht viel geändert, die Seele lebt noch immer von dem, was Sie ihr einpflanzten: sie liebt die Menschen, die sie liebte, und liebt sie eher mehr denn weniger als früher ... Sie ist noch immer voller Erbärmlichkeit, ohne Demut, ohne Einfachheit, vielleicht zu eigensinnig in ihren Ideen, sicherlich sehr feige in ihrem Tun ...

Auf Anordnung des Heiligen Vaters hat man sehr glückliche Abänderungen im Orden getroffen, aber diese Abänderungen, diese Verbesserungen werden nicht verhindern, dass das Übel wächst ... Sie werden mehr Einheitlichkeit im Orden schaffen, in einem gewissen Grad verhindern, dass jeder Abt tut, was ihm gefällt, werden dem Studium der Priester ein höheres Niveau geben. Aber man wird sich noch immer mehr von der Armut, Demut, dem bescheidenen Leben von Nazareth entfernen, das ich hier suchte und von dem ich mich in gar keiner Weise losgesagt habe.

Zu meiner großen Betrübnis muss ich sehen, dass der Herr dieses Leben allein führt, denn kein Mensch, keine Gemeinschaft in der Kirche denkt heute daran, es mit Ihm zu führen, aus Liebe zu Ihm, und in Seiner Liebe das Glück Marias und Josefs zu teilen. Sollte es denn nicht möglich sein, eine kleine Kongregation zu bilden, die dieses Leben führt, einzig von ihrer Hände Arbeit lebt, wie der Herr es tat, der nicht von

Almosensammeln, nicht von Gaben, nicht von der Arbeit fremder Tagelöhner lebte, die anzuleiten Er sich begnügte?

Ließen sich nicht einige Seelen finden, die dem Herrn darin nachfolgen, Ihm nachfolgen, indem sie alle Seine Räte befolgen, absolut auf jedes Eigentum, sei es kollektiv oder persönlich, verzichten, die infolgedessen radikal verbieten, was der Herr verbietet: jeden Prozess, jeden Streit, jede Klage vor Gericht, die sich Almosenspenden zur absoluten Pflicht machen, sodass, wer zwei Röcke hat, einen verschenkt, wer zu essen hat, denen gibt, die nichts zu essen haben, ohne etwas für den nächsten Tag aufzubewahren; die jedes Beispiel Seines verborgenen Lebens und jeden Rat, der aus Seinem Munde kam, befolgen; ein Leben der Arbeit und des Gebetes führen, nicht zweierlei Mönche haben wie in Citeaux, sondern eine Art, wie es der heilige Benedikt wollte … nicht die komplizierte Liturgie des heiligen Benedikt … sondern langes Stillgebet, Rosenkranz, heilige Messe; unsere Liturgie verschließt den Arabern, Türken, Armeniern usw. … die Tür unserer Klöster; sie sind gut katholisch, verstehen aber kein Wort von unseren Sprachen.

Und ich sähe so gern kleine Nester entstehen, voll glühenden, arbeitsamen Lebens, in denen das Leben des Herrn nachgebildet wird, unter Seinem Schutz und in der Hut Marias und Josefs. Ich denke sie mir in der Nähe all der isolierten Missionsstationen im Orient als Zufluchtsstätte für jene Leute in diesen Ländern, die Gott beruft, um einzig Ihm zu dienen und Ihn zu lieben …

Ist das ein Traum, Herr Vikar, ist es ein Trugbild des Teufels oder ist es ein Gedanke, eine Aufforderung Gottes? Wenn ich wüsste, dass es von Gott kommt, würde ich auf der Stelle, heute und nicht erst morgen, die notwendigen Schritte tun, um diesen Weg zu gehen …

Wenn ich die Sache bedenke, finde ich sie sehr gut: dem Beispiel und den Räten des Herrn zu folgen, kann ja nur ausgezeichnet sein … Übrigens ist es ja das, was ich immer gesucht habe; einzig um Ihn zu finden, bin ich ins Trappistenkloster gekommen; es ist keine neue Berufung; hätte eine solche Gemeinschaft vor einigen Jahren existiert, so wäre ich geradewegs dorthin gegangen, das wissen Sie … Weil sie nicht existiert, nichts Ähnliches existiert und nichts, was ein Ersatz dafür sein könnte, muss man nicht

Ließen sich nicht einige Seelen finden, die dem Herrn nachfolgen, indem sie alle Seine Räte befolgen, absolut auf jedes Eigentum, sei es kollektiv oder persönlich, verzichten?

versuchen, sie zu gründen? Und sie gründen mit dem Wunsch, sie möge sich vor allem in den ungläubigen, muselmanischen und anderen Ländern ausbreiten? Ich wiederhole es, wenn ich die Sache bedenke, finde ich sie sehr gut …

Wenn ich aber an die Person denke, der dieser Gedanke kam und mit solcher Glut kam! Sie kennen diese Person, diesen sündigen Menschen, dieses schwächliche elende Wesen; ich sehe darin nicht den Stoff, dessen Gott sich gewöhnlich bedient, um etwas Gutes zu tun. Er verwendet gutes Material, um gute Werke zu tun … Es ist wahr, wenn einmal der Anfang gegeben ist und der Gedanke von Gott kommt, so gibt Er auch Wachstum und wird rasch Seelen schicken, die befähigt sind, Grundsteine Seines Hauses zu werden, und vor denen ich selbstverständlich in dem Nichts verbleibe, wo mein Platz ist. Noch etwas anderes gibt mir den Mut, ein Werk zu unternehmen, das so wenig zu einem sündigen Menschen und meiner Armseligkeit passt: der Herr hat gesagt, dass, wer viel gesündigt hat, viel lieben muss …

Es ist wahr, wenn einmal der Anfang gegeben ist und der Gedanke von Gott kommt, so gibt Er auch Wachstum.

So, Herr Vikar, meinen Sie, der Gedanke komme von Gott? Ich werde mich nach Ihrer Antwort und Ihrer Meinung richten, das wissen Sie, denn ein Vater bleibt immer Vater und besonders Sie für mich! Sie sehen, wie sehr ich Ihrer bedarf …

Eine Gemeinschaft der Armut, der Niedrigkeit, der Demut[47]

Als ich sah, dass es bei den Trappisten nicht möglich ist, das Leben der Armut, der Niedrigkeit, der tatsächlichen Loslösung, der Demut und, ich muss sogar sagen, der Sammlung des Herrn in Nazareth zu führen, habe ich mich gefragt, ob der Herr mir diese ganze Sehnsucht einzig darum gab, dass ich sie Ihm opferte, oder ob es, da keine Kongregation in der Kirche heute die Möglichkeit gibt, mit Ihm das Leben zu führen, das Er in dieser Welt geführt hat, nicht am Platz wäre, ein paar Leute zu suchen, mit denen man die Gründung einer kleinen Kongregation dieser Art unternehmen könnte. Ziel dieser Kongregation wäre: so genau wie möglich das Leben des Herrn zu führen, einzig von Handarbeit zu leben, ohne irgendeine freiwillige oder erbettelte Spende anzunehmen, alle Seine Räte buchstäblich zu befolgen, nichts zu besitzen, jedem, der bittet, zu geben, nichts zu fordern, möglichst viel zu entbehren, zunächst, um dem Herrn gleichförmiger zu sein, dann aber auch, um Ihn in der Person der Armen zu beschenken …

Mit der Arbeit wäre viel Gebet verbunden, ohne Chorgebet, da dies ein Hindernis für die Fremden ist und da es wenig zur Heiligung der Unwissenden beiträgt … Nur kleine Gruppen bilden, kleine Taubenschläge, wie die Karmeliterklöster (die Klöster mit zahlreichen Insassen bekommen fast notwendig eine materielle Wichtigkeit, die ein Feind der Niedrigkeit und Demut ist); sich vor allem in den heidnischen Ländern ausbreiten, die so vernachlässigt sind, und wo es so schön wäre, die Liebe zum Herrn und die Zahl Seiner Diener zu mehren. Das alles dachte ich seit ungefähr zwei Monaten …

Ich habe meine Wünsche meinem Gott als Geschenk übergeben, und ich bitte ihn, mich nicht mehr daran denken zu lassen, solange es nicht zu Seiner größeren Ehre ist.

Ich habe meine Wünsche meinem Gott als Geschenk übergeben, und ich bitte Ihn, mich nicht mehr daran denken zu lassen, solange es nicht zu Seiner größeren Ehre ist: Sein Wille geschehe in mir, und nicht der meine; Er möge sich nach dem Verlangen Seines Herzens in mir trösten und verherrlichen, das ist alles, was ich für mich erbitte, bitten Sie Ihn mit mir … Im Übrigen denke ich momentan kaum an all das, obwohl im tiefsten Herzen der Wunsch weiterlebt. Mir scheint, es ist unmöglich, dass er nicht weiterlebt, denn das hieße aufhören zu wünschen, arm, demütig, klein mit dem Herrn zu sein.

So, liebe, liebe Mutter ... nun habe ich es Ihnen gesagt; ich habe es Herrn Abbé gesagt, ich habe es meinem Beichtvater gesagt; jetzt denke ich nicht mehr daran, bis es dem guten Gott gefällt, mich bei irgendeiner Gelegenheit daran zu erinnern. (...)

Kongregation der Kleinen Brüder Jesu [1896][48]

Die Kongregation der Kleinen Brüder Jesu hat ein doppeltes Ziel:

1. So getreu wie möglich das Leben unseres Herrn Jesus Christus in Nazareth nachzubilden, weil in der Nachahmung des geliebten Meisters die größte Liebe zu Jesus und die größte Vollkommenheit zu finden ist.

2. Ein solches Leben aus Liebe zum Herrn in ungläubigen, muselmanischen oder anderen Ländern zu führen, mit der Hoffnung, unser Blut um Seines Namens willen hinzugeben; aus Liebe zu den Menschen, mit der Hoffnung, den unglücklichen und so beklagenswert verblendeten Brüdern Gutes zu tun durch unsere Gegenwart, un-

sere Gebete und vor allem durch die Gegenwart des heiligsten Sakramentes.

Wir wollen uns bemühen, das verborgene Leben des Herrn nachzuleben, wie der heilige Franz von Assisi sich bemüht hat, Sein öffentliches Leben nachzuleben.

Unser Leben ist aufgeteilt in Gebet und Arbeit, wobei das Gebet immer den Vorrang hat.

Einer der wichtigsten Grundsätze der Kongregation ist, dass sie nach dem Beispiel unseres Herrn in Nazareth ausschließlich von ihrer Handarbeit leben muss. Jedes Haus empfängt im Augenblick der Gründung die gleiche, sehr mäßige, unveränderlich festgelegte Summe, die ausreicht zur Anschaffung einiger unerlässlicher Möbelstücke. Darin ahmen wir unseren Herrn, die Mutter Gottes und den heiligen Josef nach, welche diese Dinge von ihren Eltern erhielten. Außer dieser Gabe darf keine andere empfangen werden, weder große noch kleine, gleich unter welchem Rechtstitel, nicht einmal Messstipendien oder Gaben für Gebete, auch keine Beträge, die zur Verteilung an die Armen bestimmt sind, nichts, absolut nichts, weder in Bargeld noch in Naturalien. Wir leben einzig vom Ertrag unserer Handarbeit.

Almosen darf nur in zwei Fällen angenommen

werden: 1. Wenn kein Brot mehr im Hause ist, soll man das notwendige trockene Brot erbetteln. 2. Wenn Brüder oder Gäste schwer krank wären und man könnte ihnen die wirklich notwendigen Medikamente oder Nahrungsmittel nicht geben, würde man sie … erbetteln.

Um die Liebe und die Armut praktisch zu üben, bewahren wir niemals Geld von einer zur anderen Woche auf.

Um die Liebe und die Armut praktisch zu üben, bewahren wir niemals Geld von einer zur anderen Woche auf. Sobald man samstags den Wochenlohn erhält, gibt man alles Geld, das von der vorigen Woche übrig ist, den Armen. Dasselbe gilt von den Speisevorräten: man behält nichts über die Woche hinaus: sobald man den neuen Lohn empfängt, wird alles, was an Vorräten aus der letzten Zahlung gekauft ist, den Armen gegeben. Geld leihen und Schulden machen ist untersagt.

Die Arbeit soll von niedrigster Art sein wie die des Herrn. Sie soll gleichzeitig mehrere Bedingungen erfüllen:

Es soll verächtliche Arbeit sein, wie sie im Land von der ärmsten Klasse verrichtet wird;

sie soll leicht zu verrichten sein, damit alle, Gebildete und Ungebildete, Starke und Schwache sie ausüben können;

sie soll den Körper und nicht den Geist beschäftigen, damit dieser betrachten und beten kann, während die Hände schaffen.

Es soll eine Arbeit sein, die nicht geräuschvoll ist und während des ganzen Jahres im Haus getan werden kann, sodass die Brüder sich ihr jederzeit, alle im selben Raum und in großer Sammlung, widmen können.

Sie soll in allen Ländern verrichtet werden können und in kleinen Ortschaften von nicht mehr als zwei- bis dreitausend Seelen den Unterhalt für etwa fünfzehn Arbeiter einbringen …

Das Haus soll wie die ärmsten Häuser des Landes gebaut werden.

Ein „Nazareth" soll aus zehn bis achtzehn Brüdern bestehen. Wenn die Zahl achtzehn annähernd erreicht ist, soll man einige in ein anderes Haus schicken. – Man soll unterschiedslos Gebildete und Ungebildete aufnehmen, Junge und Alte, Priester und Laien, sofern sie die seelischen Qualitäten besitzen …

Nach dem Beispiel des Herrn siedeln wir uns an in den Städten, besonders in Städten ungläubiger Länder, in denen es aber Missionare gibt, in kleinen Städten wie Nazareth, in den Vororten, wo die Grundstücke billiger sind und wo die Armen wohnen.

Das Haus soll wie die ärmsten Häuser des Landes gebaut werden, entweder aus groben Steinen oder aus Brettern, aus gestampfter Erde, verflochtenem Geäst usw. ..., so wie die ärmsten Häuser der betreffenden Gegend: dies gilt als einzige Regel. Es wird in drei Räume unterteilt, die alle zu ebener Erde liegen. Der der Straße zunächst liegende Raum soll für die Gäste sein, der mittlere für die Brüder, der am anderen Ende liegende soll als Kapelle dienen. Die Mauern und das Dach der Kapelle sollen zwar so arm wie das Übrige, doch solid genug sein. Im Raum der Brüder sollen den Wänden entlang gemauerte Bänke angebracht werden; jeder Bruder hat eine Bank, auf der er tagsüber sitzt und nachts schläft. Kleine Teilwände trennen die Bänke voneinander. – Nur die Kapelle soll mit Platten oder Ziegeln ausgelegt sein; der Boden der übrigen Räume ist aus gestampfter Erde ...

Eine unbedingte Voraussetzung, um ein wenig Gutes tun zu können, ist die Selbstverleugnung. Nur damit können wir bis zu den Herzen vordringen: sich hineinschenken, sich selbst vergessen. Es gibt keinen anderen Weg, um Menschen Gutes zu tun.[49]

Unter den Brüdern soll beständiges Schweigen herrschen. Nur mit Erlaubnis des Oberen oder vor einem Vorgesetzten können die Brüder miteinander sprechen.

Die Kleidung besteht aus: einem Hemd und einer Unterhose aus sehr gewöhnlicher Baumwolle, einem Talar aus gewöhnlicher weißer Wolle mit Kapuze, der in Gürtelhöhe mit einer Kordel zusammengehalten wird, einem ärmellosen Mantel aus weißer Wolle (Form Cape), der bis zu den Knien reicht, den jeder nach Belieben anzieht oder nicht. Es ist kein Chormantel, sondern ein Schutz gegen Kälte, den man ad libitum trägt. Innerhalb der Klausur ist man barfuß, zum Ausgang trägt man Sandalen. Leibwäsche oder ein Kleid zum Wechseln gibt es nicht. Vom Donnerstagabend an und den Freitag über tragen die Brüder keine Leibwäsche; sie wird in dieser Zeit gewaschen. – Zum Lager dienen ein Querkissen aus Stroh und so viele Decken, wie notwendig sind, um sich gegen Kälte zu schützen. Man schläft angekleidet auf der Bank. Es gibt weder Matratzen noch Strohsäcke.

Es gibt zwei Mahlzeiten: gegen elf Uhr eine Mehlsuppe (Weizen, Gerste, Hirse, Mais) mit Wasser und Salz gekocht; gegen sechs Uhr abends ein halbes Pfund Brot. An Sonn- oder Feiertagen gibt man etwas Milch oder Butter in die Mehlsuppe und zum Abendbrot Honig oder Früchte. Als Getränk immer Wasser …

Buße und Armut üben wir aus drei Gründen:

1. um den Herrn aus Liebe zu Ihm nachzuahmen; 2. um Gott dieses Opfer für das Heil der Menschen darzubringen; 3. um für uns weniger auszugeben, damit wir den Armen mehr geben können.

Sehnsucht nach Gefährten [1902][50]

Was meine Gefährten betrifft, mein Herzensanliegen, lieber Vater, so werde ich, was auch geschieht, völlig zufrieden sein: habe ich eines Tages Gefährten, so werde ich froh sein, darin den Willen Gottes erfüllt zu sehen und die Verherrlichung Seines Namens ... Bekomme ich keine Gefährten, so werde ich auch darin die Erfüllung des Willens Gottes sehen und mir sagen, dass Er auf so viele andere Weisen verherrlicht wird, dass Seine Glückseligkeit so wenig auf unser schwaches Lob und unsere schwachen Herzen angewiesen ist ...

Unbedingtes Vertrauen, dass sich der Wille Gottes erfüllen wird, wenn ich treu bin, nicht nur trotz der Hindernisse, sondern dank der Hindernisse! Die Hindernisse sind das Zeichen dafür, dass eine Sache Gott gefällt.[51]

Könnte ich – ich kann es aber nicht – etwas anderes tun als mich in diese Willensvereinigung mit Seinem göttlichen Wollen gänzlich hineinverlieren, so würde ich für mich den vollständigen Misserfolg und die immerwährende Einsamkeit, das Scheitern auf der ganzen Linie wählen … Darin liegt eine Vereinigung mit dem Geliebten in Niedrigkeit und Kreuz, die mir immer unter allen begehrenswert erschien …

Ich tue, was ich kann, um Gefährten zu bekommen (das Mittel dazu ist, in meinen Augen, mich in der Stille zu heiligen, wie Jesus von Nazareth im tiefsten Dunkel); bekäme ich welche, so würde ich mich freuen (mit viel Mühsal und Kreuz!), bekomme ich keine, so ist meine Freude vollkommen …

Regel, Ratschläge (Kommentar zu den Satzungen) [Fassung von 1913][52]

Einführungsartikel.
Im Namen des Vaters und des Sohnes und des Heiligen Geistes.

Die Brüder und Schwestern vom Heiligsten Herzen Jesu weihen ihr Leben der Ausbreitung des Reiches Jesu. Sie setzen sich ein dreifaches Ziel: 1) Jesus, unsern Herrn, nachzuahmen; 2) die heilige Eucharistie in besonderer Weise zu verehren; 3) an der Bekehrung der Seelen zu arbeiten …

Art. I. Nachahmung unseres geliebten Herrn Jesus.

Die Brüder und Schwestern vom Heiligsten Herzen Jesu machen es sich zur Regel, sich bei allem zu fragen, was Jesus an ihrer Stelle denken, reden, tun würde, und dementsprechend zu handeln. Sie bemühen sich ständig, dem Herrn immer gleichförmiger zu werden, indem sie das Leben von Nazareth zum Vorbild nehmen, das Beispiele für alle Lagen enthält. Das Maß der Nachahmung ist auch das Maß der Liebe. „Wenn jemand Mir dienen will, so folge er Mir." „Ich habe euch ein Beispiel gegeben, damit auch ihr tut, wie Ich getan habe." „Der Jünger ist nicht über dem Meister, aber er ist vollkommen, wenn er dem Meister ähnlich ist."

...

Art. IX. Heilige Armut.

Die Brüder und Schwestern vom Heiligsten Herzen bedenken, dass sie, wollen sie dem Heiligsten Herzen vereint sein, lieben müssen, was Jesus liebt. Jesus hat die Reichen nicht verflucht, Er hatte reiche Freunde, aber Er hat den Reichtum nicht gelobt. Er hat die Armut gepriesen. Seine reichen Freunde sind zur Mehrzahl, Seinem Beispiel folgend, freiwillig arm geworden. Was hat Er für sich selbst gewählt? Was bevorzugte Sein Herz? ... Was Er wollte, für sich erwählte: „der Sohn des Zimmermanns", „der Zimmermann, der Sohn der Maria", genannt werden. Das ist Sein Los, das Los Seiner Lieben, Maria und Josef, das Los, das nach der Himmelfahrt jene wählten, die Sein Herz am besten verstanden haben, Seine Apostel, Seine heiligen Freunde aus Bethanien, Seine ersten Jünger. Wie oft hat Er gesagt: „der Diener ist nicht größer als der Herr ... Wer der Erste sein will, mache sich zum Letzten", und Er sagte es zuerst der Demut, dann der Armut wegen, die so innig mit der Demut verbunden ist und die Er von der Krippe bis zum Kreuz in beständigem Beispiel vorlebte!

Jesus hatte reiche Freunde, aber Er hat den Reichtum nicht gelobt. Er hat die Armut gepriesen.

...

Art. XX. Loslösung von allem, was nicht Gott ist.

„Liebe Gott aus deinem ganzen Herzen, aus deiner ganzen Seele, aus deinem ganzen Denken und aus allen deinen Kräften. Liebe deinen Nächsten wie dich selbst." Lasst uns den unendlich großen Unterschied zwischen Schöpfer und Geschöpf begreifen. Lasst uns alle Menschen lieben, wie Jesus sie geliebt hat, auf ihr Wohl bedacht sein, wie Jesus darauf bedacht war, ihnen alles Gute tun, das wir vermögen. Opfern wir uns für ihr Heil, und seien wir bereit, unser Blut für das Heil eines jeden hinzugeben; lieben wir sie im Hinblick auf Gott, nach dem Maß Seines Willens, auf die Art, wie Er will, nicht unsert- oder ihretwegen, sondern Seinetwegen. Unsere Liebe zu ihnen wird dadurch nicht geringer, sondern unvergleichlich stärker, da wir aus der Quelle Seines göttlichen Willens eine Kraft, eine Festigkeit, eine Hingabe, eine Glut schöpfen, welche die rein menschliche Liebe nicht besitzt und die sich nur in den Herzen derer findet, die Jesus in sich leben lassen, die nicht aus sich selbst, sondern durch Jesus lieben. …

Lasst uns alle Menschen lieben, wie Jesus sie geliebt hat, auf ihr Wohl bedacht sein, wie Jesus darauf bedacht war.

Gott sei wirklich der einzige Herr unserer Herzen, unserer Gedanken, Worte, Werke. Denn Er hat das Recht dazu, Er, der allein „ist“, Er, im Vergleich zu dem alles wie ein Nichts ist, denn Er hat alles aus dem Nichts hervorgebracht und kann es wieder zu nichts werden lassen. „Vor Gott ist alles nichts“, sagt die Heilige Schrift. „Schwach und zu Boden gebeugt wird immer sein, wer etwas für wert hält außer dem einzigen, dem unendlich großen, dem ewigen Gut“, sagt die Nachfolge Christi.

…

Art. XXVIII. Wie man im Besonderen für die Bekehrung der Seelen arbeitet, die von Jesus entfernt sind.

... Gutes tut man nicht so sehr nach dem Maße dessen, was man sagt und tut, sondern was man ist; nach dem Maß der Gnade, die unser Tun begleitet, nach dem Maß, in dem Jesus in uns lebt, soweit unser Tun Tun Jesu ist, der in uns und durch uns handelt. Der Grad unserer persönlichen Heiligung ist auch zugleich der Grad des Guten, das durch unser Gebet, unsere Buße, unser Beispiel, unsere Akte der Güte, unsern Eifer gewirkt wird. Das Erste, was zu tun ist, um den Seelen nützlich zu sein: aus allen Kräften und fortwährend an der eigenen Bekehrung arbeiten. (...) Die Seele tut Gutes nach dem Maß ihrer Heiligkeit; diese Wahrheit muss uns immer vor Augen sein ...

Die in Christusferne Lebenden sollen das Evangelium ohne Buch und ohne Worte, aus dem Anblick des christlichen Lebens kennenlernen.

Durch ihr Beispiel sollen die Brüder und Schwestern eine lebendige Predigt sein: jeder soll ein Vorbild evangelischen Lebens sein. Wer sie sieht, soll sehen, was christliches Leben, was christliche Religion ist, was das Evangelium, was Jesus ist. Der Unterschied zwischen ihrem Leben und dem Leben eines Nichtchristen muss in vollem Glanze sichtbar machen, wo die Wahrheit ist. Sie sollen ein lebendiges Evangelium sein. Die in Christusferne Lebenden, besonders die Ungläubigen, sollen das Evangelium ohne Buch und ohne Worte, aus dem Anblick ihres Lebens kennenlernen.

Zur Aufgabe einer neu zu gründenden Laienbruderschaft [1909][53]

Seit Langem quält mich der Gedanke, dass so viele Ungläubige geistig völlig verlassen sind, und vor allem die Moslems und Ungläubigen in unseren Kolonien. Gleichzeitig sehe ich, wie die Christen mehr und mehr der Sucht nach materiellen Gütern und der Eitelkeit dieser Welt erliegen …

Man darf sich nicht damit begnügen, durch materielle Hilfe an der Bekehrung der Ungläubigen zu arbeiten; wichtiger ist es, dafür Sorge zu tragen, dass sich echte Christen jeden Standes als Bauern, Siedler, Kaufleute, Handwerker, Grundbesitzer usw. bei ihnen niederlassen. Sie wären wertvolle Stützen für die Missionare und könnten durch ihr Beispiel, durch Güte, durch persönliche Fühlungnahme die Blicke der Ungläubigen auf den Glauben lenken und Kernzellen bilden, denen die Ungläubigen sich nach und nach, im Maße, wie sie sich bekehren, angliedern können …

Es ist nicht Sache der Brüder und Schwestern, die weder Priester noch Ordensleute sind, die Ungläubigen in der christlichen Religion zu unterweisen, ihre Bekehrung durchzuführen; aber wohl, diese vorzubereiten, indem sie sich Achtung bei ihnen verschaffen, durch ihr offenes Leben ihre Vorurteile wegräumen und die Ungläubigen mehr durch ihr Tun als durch ihr Reden mit der christlichen Moral bekannt machen; sie für die Bekehrung zu bereiten, indem sie ihr Vertrauen, ihre Zuneigung, ihre Freundschaft gewinnen. Die Missionare finden dann einen schon vorbereiteten Boden, bereite Seelen, die von selber zu ihnen kommen oder zu denen sie ungehindert gehen können …

2. Formen der Spiritualität

a) Gebet

Gemeinsam mit anderen in der Stille beten [1897–1899][54]

„Setzt euch hier nieder, während ich bete“ – Markus 14,25-32

... Jesus betet ... Jesus betet mit den Aposteln ... und doch betet Er einsam, abseits von ihnen ... Drei Beispiele ... Unser ganzes Leben ist ein Gebet, ein liebendes und anbetendes Schauen Jesu, das durch nichts unterbrochen werden darf ... In schweren Stunden jedoch, wenn eine ernste Entscheidung zu treffen ist, ein ernstes Geschehnis bevorsteht, besonders in Augenblicken höchster Not, muss das Gebet intensiver sein als sonst; man muss sich dann ins Gebet hineinstürzen, darin untertauchen und alle Hilfe von Gott, der allein Sein und Kraft ist, erwarten ...

Wenn irgend möglich, lasst uns in solchen Stunden nicht allein beten. Beten wir zusammen mit einigen glühenden Seelen, denn „wenn zwei oder drei zusammen beten, ist Jesus mitten unter ihnen und gewährt ihre Bitte ...“

Aber auch wenn wir zu mehreren um dasselbe bitten, wollen wir schweigend beten, indem jeder still sein Herz vor Gott ausschüttet. Lasst uns miteinander, aber jeder für sich, beten, damit unser Herz sich in ganzer Freiheit verströmen kann, damit es, ohne zerstreut zu werden, in Gott einschwingen kann, ohne an etwas Erschaffenes zu denken, in ganzer Einfalt, in seinem natürlichsten und vertrautesten Schwingen, in der vollkommensten Hingabe.

Unser ganzes Leben ist ein Gebet, ein liebendes und anbetendes Schauen Jesu, das durch nichts unterbrochen werden darf.

Beten ohne Unterlass [1897–1899][55]

„Seid allezeit wach und betet …" – Lukas 21,20-36

… Beten wir allezeit. Beten wir, indem wir unaufhörlich den Herrn anschauen, wie Maria und Josef Ihn anschauten, wie der Herr selbst unaufhörlich den Vater anschaute, wie Magdalena und Johannes immerzu den Geliebten anschauten, wie Maria nach der Himmelfahrt ihres Sohnes diesen beständig anschaute … Das ist immerwährendes Gebet: es besteht darin, den Geliebten gar nicht aus den Augen zu lassen.

Lasst uns aber auch zu bestimmten Stunden beten, wie unser Herr die Tagzeiten betete, wenn

Er sich zu gewissen Stunden, besonders nachts, zurückzog zu langer, einsamer Betrachtung. Pflegen wir diese Gebetsart besonders an gewissen Tagen, so wie Er auch am Sabbat und an den Festen mehr Zeit dafür verwandte … selbst zu gewissen Zeiten, so wie Er ganze Zeiträume, wie Sein vierzigtägiges Fasten, dazu verwandte.

Das ist immerwährendes Gebet: es besteht darin, den Geliebten gar nicht aus den Augen zu lassen.

Psalmen als Mustergebete [1897][56]

Psalm 6,1-5

… Wenden wir doch beim Beten oft und viel die Psalmen an: sie sind Wort Gottes: es sind fertige Gebete, die Seine göttliche Güte uns schenkt, damit wir beten, wie es Ihm gefällt, damit wir so empfinden, wie es Seinem Willen entspricht … Bedienen wir uns der Psalmen besonders dann, wenn wir lau und trocken sind, sprechen wir sie ganz langsam, um recht zu spüren, was sie ausdrücken und um unsern Sinn im Gebet ganz zu Gott zu erheben. Wenn wir um Verzeihung zu bitten haben oder wenn unsere Seele in Finsternis und Trockenheit ist, wählen wir diesen oder einen anderen Bußpsalm und sprechen wir: „Nicht nach Deinem Zorne, o Herr, zieh mich ins Gericht und nicht nach Deinem Grimm bestrafe mich. Erbarme Dich meiner, o Herr, denn ich bin schwach, heile mich, Herr, denn Schauder durchläuft mein Gebein, gar sehr erbebt meine Seele. Du aber, Herr, wie lange willst Du noch zürnen? Herr, kehre zurück, rette mein Leben, hilf mir um Deiner Güte willen, denn im Tode denkt niemand mehr Dein, wer wird Dich im Totenreich preisen?“ Sprechen wir diese Worte ganz langsam vor Gott aus, machen wir uns dieses Empfinden zu eigen, und fügen wir dann hinzu, was unser Herz uns sagt. Das ist eine ausgezeichnete Weise zu beten; man betet nämlich so, wie der Herr selbst es wünscht und mit Seinen eigenen Worten.

Psalmen als Aufforderung zum Lob Gottes [1897][57]

Psalm 46 [47]

... Lasst uns Gott loben! Gott selbst gibt uns die Vorschrift und das Beispiel dazu. Wie viele Psalmen sind Lobpsalmen! „Alles, was Odem hat, lobe den Herrn!“ ... „Lobet den Herrn, alle Völker!“ Wie oft ruft unser Herr aus: „Ich preise Dich, Vater, dass Du ...“ Wie oft gibt Er Ihm Lobestitel: „Heiliger Vater, gerechter Vater ...“ Und als Er uns beten lehrt, lässt Er uns sprechen:

„Vater unser, der Du bist im Himmel, geheiligt werde Dein Name“, das heißt, Er „werde gepriesen“, nicht allein durch die Worte, sondern auch durch die Gedanken und das Tun aller Menschen.

Was sind das Magnificat und das Benedictus anderes als herrliche Lobgesänge? … Das Lob ist überdies ein Bedürfnis der Liebe; selbst wenn Gott uns weder Vorschrift noch Anleitung gäbe, Ihn zu loben, müssten wir es tun, einzig deswegen, weil Er uns sagt: „Das erste Gebot für euch ist: du sollst Mich lieben.“

Die Bewunderung ist ein wesentlicher Teil jeder echten Liebe, sie ist ihr Fundament. Ursache und Beweggrund der echten Liebe ist das Gute, das Vollkommene im geliebten Wesen. Das Gute und Vollkommene erregt Bewunderung, und auf die Bewunderung folgt, kaum von ihr zu unterscheiden, die Liebe. Nun ist das Lob nichts anderes als der Ausdruck der Bewunderung; es findet sich also notwendig überall, wo echte Liebe ist (ob es nun innerlich verhalten, stumm und schweigend auf dem Grund der Seele lebt oder sich nach außen in Worten kundtut). Lasst uns also Gott loben, innerlich durch das stumme Loblied liebender

Das Lob ist ein Bedürfnis der Liebe.

Anschauung, äußerlich durch Worte des Lobes, die uns einfallen, wenn wir Seine Vollkommenheit bewundern. Benutzen wir dazu die Lobgesänge aus der Heiligen Schrift, weil Gott uns diese Worte aus Güte geschenkt hat, damit wir, obwohl arm und ohnmächtig, Ihm dennoch ein himmlisches Lob darzubringen vermögen.

Gebet als Lob Gottes [1898][58]

„Hosanna dem Sohne Davids …" – Matthäus 21,9

Der Herr billigt es, dass die Kinder „Hosanna dem Sohne Davids" singen … Er billigt also, Er will, dass wir Ihn preisen … Es genügt Ihm nicht, dass wir Ihm danken, Ihn um Verzeihung, um Gnade bitten: die drei Worte: „Danke, Verzeihung, Herr, hilf" sind zwar unerlässlich und müssen uns allezeit im Herzen und auf den Lippen sein; sie genügen indessen nicht, um so zu beten, wie wir beten sollen. Wir sollen Ihn auch loben.

Loben heißt, seine Bewunderung und damit seine Liebe ausdrücken; denn die Liebe ist unzertrennlich mit einer großen Bewunderung verbunden. Gott loben heißt, sich zu Seinen Füßen in Worten der Bewunderung und Liebe verströmen, heißt, Ihm in allen Formen immer wieder sagen, dass Er unendlich vollkommen, unendlich liebenswert ist, dass Er unendlich geliebt wird, dass Seine Schönheit ebenso grenzenlos ist wie unsere liebende Bewunderung, heißt, Ihm endlos und unaufhörlich auf die innigste Weise versichern, dass Er schön ist und dass wir Ihn lieben …

Das Lob gehört also wesentlich zur Liebe und ist daher unerlässlicher Bestandteil unserer Verpflichtung Gott gegenüber: Das ist leicht einzusehen …

Es gibt aber noch einen anderen Grund, weshalb wir Gott loben müssen: Er selbst erlaubt es uns, und darin liegt ein unerhörter Gnadenerweis. Ist es nicht die größte Gunst, die wir jemand erweisen können, wenn wir ihm gestatten, uns in jeglicher Weise zu sagen, dass Er uns liebt? Heißt das nicht zugeben, dass Seine Liebe uns gefällt, dass sie uns angenehm ist? Sagen wir Ihm dadurch nicht beinahe, dass auch wir Ihn lieben? …

Gott loben heißt, Ihm endlos und unaufhörlich und auf die innigste Weise versichern, dass Er schön ist und dass wir Ihn lieben.

Gebet in Versuchung [1897][59]

Psalm 7

... Beten wir, beten wir ohne Unterlass gleich bei Beginn einer Versuchung und solange sie anhält. Gewöhnen wir uns daran, dabei die Psalmen zu benutzen, die der Heilige Geist uns für solche Gelegenheiten anbietet. Unser Herr gibt uns gewissermaßen das Beispiel: bei der Versuchung in der Wüste verjagt Er den Teufel durch Worte der Heiligen Schrift ... am Kreuz bedient Er sich der Worte eines Psalms ...

Wir können es nicht besser sagen, als wenn wir die Worte des Heiligen Geistes wiederholen. Benutzen wir sie also, wenn die Gelegenheit da ist: diesen Psalm zum Beispiel in der Versuchung; denn dazu wurde er eingegeben. Wir dürfen ihn dann nicht schnell und routiniert hersagen; nein, wir müssen ihn langsam sprechen, indem wir die Worte reiflich bedenken, ihren Sinn auf uns anwenden und uns so den Psalm zu eigen machen. Wir müssen die inspirierten Worte sprechen, als sprächen wir Worte eines inneren Gebetes.

Unser Herr gibt uns das Beispiel: bei der Versuchung in der Wüste verjagt Er den Teufel durch Worte der Heiligen Schrift.

Gebet des Vertrauens [1897][60]

Psalm 10 [11]

„Beim Herrn habe ich Zuflucht gefunden! Wie sagt ihr denn zu meiner Seele: ‚Fliehe wie ein Vogel auf die Berge! – Denn die Gottlosen spannen ihren Bogen und haben ihre Pfeile auf die Sehne gelegt, um im Verborgenen auf die zu schießen, welche aufrichtigen Herzens sind.' – Was wird der Gerechte tun? Er spricht: ‚Jahwe ist in Seinem heiligen Tempel, der Herr ist im Himmel …'"

Danke, mein Gott! Mit diesen milden Worten gebietest Du mir zu vertrauen! Ich vertraue dem Herrn, ich überlasse mich Ihm, ich ruhe auf Ihm; diese ersten Worte des Psalms stellen seinen ganzen Gegenstand dar; die übrigen Verse entwickeln nur dieses eine Wort: ich vertraue auf den Herrn! ich überlasse mich Ihm … Sich dem Geliebten anvertrauen, sich Ihm überlassen … nicht mehr an sich denken, ganz auf dem ruhen, den man liebt, welche Seligkeit! Und dazu lädst Du mich ein, Herr!

Er lenkt alles Geschehen uns zum Guten. Warum sollten wir uns fürchten?

Lasst es uns praktisch üben: erfüllen wir unsere Pflichten, alles, wovon wir wissen, dass unser Herr es von uns will, und im Übrigen überlassen wir uns Ihm! Führen wir aus, was uns aufgegeben, was Gottes Wille ist, und lassen wir das Übrige geschehen. Nichts fürchten, nicht fliehen, nicht ausweichen, es sei denn, wir wüssten, dass es so Gottes Wille ist; doch abgesehen von diesem einen Fall wollen wir niemals und nichts fliehen. Lasst uns nicht Rettung suchen wie der Vogel, lasst uns auf Gott vertrauen!

Mein Gott, Du bist da, ich fürchte nichts, ich danke Dir für alles, denn alles kommt aus Deiner Hand, alles, was geschieht, ist von Dir zugelassen, vorbereitet, zum Besten gefügt.

Er ist da; alles, was geschieht, ruht in Seinen Händen. Er lenkt alles Geschehen uns zum Guten. Warum sollten wir uns fürchten, warum uns abmühen? Warum uns mühen zur Flucht? Sagen wir einfach mit dem Gerechten: „Ich vertraue auf den Herrn. Der Herr ist hier in Seinem Tabernakel und Er ist im Himmel." Er schützt mich, Er fügt alles zum Guten für meine Seele …

Überlassen wir uns Ihm: Mein Gott, Du bist da, ich fürchte nichts, ich danke Dir für alles, denn alles kommt aus Deiner Hand, alles, was geschieht, ist von Dir zugelassen, vorbereitet, zum Besten gefügt. Überlassen wir uns ganz Ihm!

Für jeden Menschen in unterschiedlicher Form [1898][61]

Lukas 11,13

[Jesus selbst:] „... Es gibt Menschen, die nicht betrachten können und unaufhörlich in der Beschauung leben, andere, die nicht beschaulich sind, nur betrachten, nachdenken können; die seelischen Gegebenheiten sind unendlich verschieden ... der Seelenführer muss einen jeden nach dem Bedarf des gegenwärtigen Augenblicks lenken. Sein Amt besteht darin, jeder Seele das zukommen zu lassen, was Ich will, nicht was sie selber für sich oder was er für sie erträumt ... Aber wie immer es auch um eine Seele bestellt sein mag, bei allen Arten des Gebetes, mag das Denken, der Verstand, die Überlegung, das Wort viel oder wenig Platz darin einnehmen, den ersten und meisten Platz soll jenes eine, die Liebe, haben.

Das Gebet ist umso besser, je mehr Liebe es enthält.

Um was für eine Gebetsart es sich auch handelt, sei es die reine Kontemplation, der einfache, auf Gott gerichtete Blick, die schweigende, liebende, auf Gott gerichtete Aufmerksamkeit, die Betrachtung, das Nachdenken, das Gespräch der Seele mit Gott, das Ausgießen der Seele in Gott oder mündliche Gebete jeder Art, bei all diesen und anderen Gebetsweisen muss immer das eine vorherrschen: die Liebe! Welcher Art diese verschiedensten Gebete sein mögen, ob stumm oder gesungen, ob ohne tiefes Denken oder stark reflektiv, was ihnen ihren eigentlichen Wert gibt, ist die Liebe, mit der sie verrichtet werden.

[Christus sagt:] „Was Ich im Gebet von euch will, ist Liebe, Liebe, Liebe."

Für alle Gebetsarten ohne Ausnahme, für alle nur möglichen Arten bleibt ewig wahr: Das Gebet, das aus der größten Liebe kommt, ist das beste, und das Gebet ist umso besser, je mehr Liebe es enthält.

Ich fasse kurz zusammen: Was Ich im Gebet von euch will, ist Liebe, Liebe, Liebe. Was das Gebet, die Art, die Zeit des Gebetes angeht, so will Ich, dass ihr eurem Seelenführer gehorcht. Beim Bittgebet sollt ihr nur eines wollen und erbitten: die Erfüllung Meines Willens ..."

Über Gebetserhörungen [1897–1899][62]

„Sei ohne Furcht, glaube nur!" – Markus 5,35-43

... Glauben wir doch, dass Jesus alles vermag und dass Er uns alles gewähren wird, um das wir Ihn gläubig bitten. Er wird es uns gewähren, weil Er unendlich gütig und allmächtig ist: Er wird es uns umso sicherer gewähren, weil Er es uns förmlich versprochen hat. Er gewährt, indem Er uns das Erbetene oder etwas Besseres gibt. Wenn Er uns warten lässt, wenn wir spät oder gar nicht empfangen, können wir sicher sein, dass dieses Warten für uns das Bessere ist, dass spät oder gar nicht empfangen heilsamer für uns ist als sofort empfangen …

„Bittet, so wird euch gegeben" [1898][63]

„Bittet, und es wird euch gegeben werden; suchet, und ihr werdet finden; klopfet an, und es wird euch aufgetan werden" – Matthäus 7,7

Diese drei Worte haben denselben Sinn: der Herr wiederholt denselben Gedanken in dreifacher Form: man muss im Gebet bitten, ohne Unterlass bitten, und Er wird es uns immer gewähren. Hat es zuweilen den Anschein, als gewähre Er unsere Bitte nicht, so war unsere Bitte nicht genügend erleuchtet, und statt des Erbetenen gewährt Er uns etwas Besseres …

Für das liebende Herz gibt es nichts Schöneres, als die Bitte des Freundes zu erfüllen: wir sollen also nicht nur bitten, sondern viel bitten.

Warum sollen wir überhaupt im Gebet etwas erbitten, statt einfach zu warten, dass Gott, der so gütig ist, uns das Nötige gibt? Erstens, weil der Herr es uns hier und in vielen anderen

Stellen befiehlt; ferner, weil Er uns das Beispiel dazu gibt im Vaterunser, in Seinen Gebeten zum Vater; aber auch, weil es zur Liebe gehört, dass man all seine Anliegen, all seine Gedanken, folglich auch seine Bedürfnisse und Wünsche dem Geliebten in Einfachheit und Hingabe anvertraut; weil die Liebe gerne vom Geliebten empfängt, gerne hat, wenn ihre Schulden ihm gegenüber wachsen, da sie alles ihm verdanken, alles von ihm und von keinem anderen empfangen will. Das alles führt auf ganz natürliche Weise zum Bitten.

Es gibt aber noch einen Grund zu bitten: das liebende Herz findet all seine Freude darin, den Geliebten zu beschenken und dies umso mehr, wenn der Geliebte bittet. Wir müssen also dem Herzen des Herrn, das uns so sehr liebt, diese Freude machen. Für das liebende Herz gibt es nichts Schöneres, als die Bitte des Freundes zu erfüllen: wir sollen also nicht nur bitten, sondern viel bitten, die größten Gnaden erbitten, den Herrn unaufhörlich bitten, und zwar mit der Absicht, Sein Herz weitmöglichst zu trösten. In der Bitte liegt Vertrauen, liegt der Glaube, dass wir geliebt werden. Durch unsere Bitte können wir dem Herrn beweisen, dass wir an Seine unendliche Liebe zu uns glauben …

Die Macht des Gebets [1898][64]

„Wenn ihr einen Glauben habt, so groß wie ein Senfkörnlein … nichts wird euch unmöglich sein.“ – Matthäus 17,20

Wir vermögen alles durch das Gebet: wenn wir nicht erhört werden, hat es uns an Glauben gefehlt, oder wir haben zu wenig gebetet, oder es wäre ungut für uns, würde unsere Bitte erhört, oder Gott gibt uns anstelle des Erbetenen etwas Besseres … Nie aber bleibt eine Bitte unerhört, weil ihre Gewährung zu schwierig wäre: „nichts ist uns unmöglich …“

Zögern wir also nicht, von Gott die schwierigsten Dinge zu erbitten, z. B. die Bekehrung großer Sünder, ganzer Völker. Bitten wir Ihn darum umso inständiger, je schwieriger die Dinge sind, in dem Glauben, dass Gott uns leidenschaftlich liebt. Je größer ein Geschenk, umso lieber gibt es der leidenschaftlich Liebende; bitten wir also mit Glauben, Kraft, Beharrlichkeit, voll Liebe, guten Willens … Und seien wir gewiss, dass, wenn wir so bitten und hinreichend beharrlich dabei sind, wir auch erhört werden und die erbetene Gnade oder größere Gnade erhalten … Bitten wir also

Je größer ein Geschenk, umso lieber gibt es der leidenschaftlich Liebende; bitten wir also mit Glauben, Kraft, Beharrlichkeit, voll Liebe.

den Herrn kühn um die unmöglichsten Dinge, wenn sie zu Seiner Verherrlichung dienen, und seien wir sicher, dass Sein Herz sie uns gewährt und dies umso mehr, je unmöglicher sie, menschlich gesehen, scheinen: denn es ist Seinem Herzen Freude, dem Geliebten das Unmögliche zu gewähren; und liebt Er uns nicht überschwänglich?

Entscheidungsstunden im Gebet verbringen [1897f][65]

„Setzt euch hier nieder, derweil ich dort beten gehe." – Matthäus 26,36

Was tut unser Herr in der letzten Stunde vor Seiner Gefangennahme und ehe Sein Leiden beginnt? Er zieht sich zurück, um allein zu beten ... So wollen auch wir, wenn uns eine schwere Prüfung, eine Gefahr, ein Leiden bevorsteht, die letzten Augenblicke, die letzte Stunde, die uns noch bleibt, im Gebet, im einsamen Gebet verbringen. Bei jedem wichtigen Ereignis unseres Lebens wollen wir es so halten: bereiten wir uns darauf vor, suchen wir Kraft, Licht und Gnade, um es gut zu bestehen, indem wir die letzte Stunde, den letzten Augenblick benutzen, um zu beten, um allein zu beten ...

Die Notwendigkeit von Einkehrzeiten [1897–1899][66]

„Mit Tagesanbruch ging Er fort und begab sich an einen einsamen Ort." – Lukas 4,42

… Das immerwährende Gebet genügt nicht: wie der Herr uns hier lehrt, muss es in jedem Leben, selbst in einem Leben, das in sehr heiliger Weise dem Dienst am Nächsten gewidmet ist, bestimmte Zeiten der Sammlung, des Stillschweigens, der einsamen Betrachtung zu Gottes Füßen geben … Dies ist eine Pflicht der Ehrfurcht dem Schöpfer gegenüber, der Liebe gegenüber unserm Geliebten, des Gehorsams gegenüber dem Beispiel Jesu; es ist außerdem ein Bedürfnis unserer Seele, sich in jeder Lebenssituation zum Herrn hinzuwenden, um „Ströme lebendigen Wassers" zu empfangen, die sie zum Leben braucht und deren Quelle einzig in Ihm ist.

Es ist ein Bedürfnis unserer Seele, sich in jeder Lebenssituation zum Herrn hinzuwenden.

„Kommt für euch allein an einen abgelegenen Ort und ruht ein wenig aus." – Markus 6,30-32

Du führst Deine Apostel an einen einsamen Ort, damit sie ein wenig ausruhen, wie Du sagst! Wie gut bist Du, mein Gott! Du willst, dass die Arbeiter der Frohbotschaft von Zeit zu Zeit ein wenig ausruhen, und wie gut und heilsam ist die Ruhe, die Du für sie willst, die sie mit Dir in der Wüste genießen! … Wie gütig von Dir, ihnen so klar zu zeigen, was solche Zeiten der Ruhe, Zeiten der Einsamkeit, der Einsamkeit in Deiner Gesellschaft bedeuten!

Schalten wir Ruhezeiten, Zeiten der Einsamkeit, die wir in Jesu Gesellschaft verbringen, in unser Leben ein, mag unser Leben verborgen oder mehr öffentlich sein (jedes Leben bedarf solcher Zeiten, und je mehr es ein öffentliches Leben ist, um so notwendiger braucht es sie) … mit anderen Worten: halten wir Einkehrtage!

Jesus gibt für solche Einkehrtage drei Kennzeichen an: es sollen Zeiten der Ruhe sein, nicht Zeiten der Ermüdung, des Zwanges, mühsamer Geistesarbeit; Zeiten der Befriedung, aus denen wir nicht geistig erschöpft oder von außergewöhnlicher Anstrengung ermüdet zurückkehren sollen, sondern ausgeruht und durch die sanfte Ruhe zu Jesu Füßen neu belebt – es soll eine Zeit der Einsamkeit sein; je mehr wir mit Jesus allein sind, um so mehr verkosten wir Ihn, die Liebe sucht das traute Beieinandersein; je weniger wir mit den Geschöpfen umgehen, umso mehr können wir alle Zeit, alle Gedanken, das ganze Herz der alleinigen Liebe und Anschauung Jesu schenken, umso inniger und voller den Geliebten genießen – es sollen schließlich Zeiten der Einsamkeit in Jesu Gesellschaft sein, Zeiten, die wir ganz mit Ihm verbringen, ausschließlich Ihm widmen, sanftmütig zu Seinen Füßen sitzen und Ihn anblicken, ohne ein Wort zu sagen, oder Ihn befragen, Ihn immerzu genießen wie die Apostel, Maria, Magdalena, wenn sie allein mit Ihm waren …

Jedes Leben bedarf gesonderter Zeiten der Stille, der Einkehr; und je mehr es ein öffentliches Leben ist, um so notwendiger braucht es sie.

Häufige, im allgemeinen jährliche Einkehrtage sollen Zeiten der Ruhe, der Einsamkeit, Zeiten der Anschauung und Betrachtung zu Füßen Jesu sein. In der Beschauung blicken wir Ihn schweigend an, in der Betrachtung fragen wir Ihn, was wir tun, denken, reden sollen, um Ihm zu gehorchen. Anschauung immer, Betrachtung mehr oder weniger, je nachdem, was Jesus gibt und anweist; wir müssen uns von Seinem Geist führen lassen.

b) Bibelbetrachtung

Liebe zu allen Geschöpfen [1896][67]

Genesis 1,1-19

Mein Gott, wie sehr muss ich alle Geschöpfe lieben, lebendige und leblose, da alle aus Deiner Hand hervorgegangen sind: man liebt, küsst und verehrt ja das Werk dessen, den man liebt, weil es Teil von ihm ist: um wie viel mehr sollte man Deine Werke lieben, die so sind, wie Du sie haben wolltest, während die Werke der Menschen immer hinter ihrem Wollen zurückbleiben ...

Deine Werke, die Du „gut findest", während die der Menschen so unvollkommen sind! Das Werk Deines geliebten Willens, Deiner Allmacht, Deiner Liebe, kurz Dein Werk, o Gott, geliebt und gepriesen in Ewigkeit! Mit wie viel Liebe und Ehrfurcht muss man ihm begegnen, mit welcher Rührung es betrachten! Mit welch ehrfürchtigen, zitternden Händen es berühren! Wie unwürdig müssen wir uns jedem Geschöpf gegenüber fühlen, nicht unwürdig von Natur aus, sondern unwürdig wegen unserer Sünden! Wie viel Ehrfurcht sollte ich vor mir selbst, vor meinem Leib, vor meiner Seele ha-

Mit was für einer Atmosphäre von Liebe hast Du uns umgeben, mein Gott, und wie sehr muss mein Herz lieben!

ben ... Wie viel Ehrfurcht vor dem Nächsten! Wie sehr müssen wir unsere Brüder Tiere, unsere Schwestern, die leblosen Kreaturen, achten: gingen sie doch alle aus Deiner geliebten und gepriesenen Hand hervor!

Mit was für einer Atmosphäre von Liebe hast Du uns umgeben, mein Gott, und wie sehr muss mein Herz lieben, da ich in meinem Geliebten lebe, erfüllt, durchdrungen bin von Ihm, eingehüllt in Seine geliebten Werke! Wie gut bist Du! Wie bin ich glücklich! Welch glückliches Los ist mir zugefallen! Wie muss ich vor Liebe zergehen! Wie gut bist Du! ...

Gott bindet sich durch Versprechen [1896][68]

Genesis 8,13

Mein Gott, wie gut bist Du! Sollte es nicht genügen, dass Du uns fortwährend Gutes, Gnade um Gnade gibst? Warum verpflichtest Du Dich noch dazu, uns bestimmte Wohltaten zu erweisen? Mein Gott, wie väterlich ist Dein Herz, wie göttlich gut; wie überströmt es von unendlicher Liebe! Gäbest Du uns noch Deine Verheißungen angesichts unserer Akte der Anbetung, des Dankes, des Gehorsams: doch nein, Du gibst sie Adam gerade in dem Augenblick, als er gesündigt hat. Wie gut bist Du! Wie unverdient sind

Deine Wohltaten! Nur von Heilstaten sind Deine heiligen Schriften erfüllt und von Verheißungen, die noch größer sind als die Heilstaten. Es gefällt Dir, Dich auf tausend Arten zu binden: durch die Verheißung des Messias an Adam, durch das Versprechen an Noe, keine Sintflut mehr zu schicken, durch zahllose messianische Verheißungen und Versprechen materieller Art an Patriarchen und Propheten …

So ist die Liebe: es genügt ihr nicht, die Gegenwart zu schenken, sie muss die Zukunft schenken, sie muss weitmöglichst alles schenken, was sie hat und was sie ist.

Deine Freude ist es, Dich durch vielfache Versprechen zu binden. So ist die Liebe: es genügt ihr nicht, die Gegenwart zu schenken, sie muss die Zukunft schenken, sie muss weitmöglichst alles schenken, was sie hat und was sie ist, und sich durch die stärksten Bande für unabsehbare Zeit verpflichten … So machst Du es: Du schenkst, Du versprichst, Du schenkst Dich selbst, versprichst Dich selbst mit Deinem Reich, und das alles für die ganze Ewigkeit! Mein Gott, wie gut bist Du! … O Gott, lass mich Dir alle Versprechen machen, die Du von mir erwartest, und gib, dass ich sie in Treue halte!

c) Gewissenserforschung

Auszüge aus dem Briefwechsel mit Abbé Huvelin [1898–1907][69]

Das Wichtigste meiner Beichte ist Folgendes: Lauheit (Gebete schlecht verrichtet, Offizium schlecht gebetet, die Messe elendig schlecht mitgefeiert, die Gegenwart Gottes während des Tages schlecht bewahrt etc.), Lässigkeit (Trägheit beim Aufstehen ... manchmal schlafe ich wieder ein, anstatt nach dem ersten Aufwachen gleich aufzustehen), Naschhaftigkeit (gefräßig, ich esse zu viel), Mangel an Nächstenliebe (ich bete nicht genug und nicht mit genügender Innigkeit für meine Nächsten ... es ist mir noch nicht genügend zur Gewohnheit geworden, Unseren Herrn, das Gotteskind in jedem Menschen zu sehen ... Gedanken, die der Nächstenliebe entgegengesetzt sind, Erinnerungen, die von strengen Urteilen über Personen begleitet sind, die ich früher kannte), Hochmut (nicht genügend niedrige Einschätzung meiner selbst ... nicht genügend Misstrauen mir selbst gegenüber ... Gedanken, aufkommende Wünsche nach Erhöhung). Zu wenig Reue über vergangene und gegenwärtige Fehler. Zu wenig Dankbarkeit Gott und den Menschen gegenüber. Das ist nun die Hauptsache, aber vor allem sind es Lauheit und Lässigkeit …

Dennoch muss ich Ihnen sagen, dass mich in der letzten Zeit und wohl besonders am Jahrestag meines Eintrittes bei den Trappisten, meiner Profess (2. Februar), recht oft ein hochmütiger Gedanke quält: ich sage mir manchmal, ich hätte den Seelen Gutes tun können, wenn ich bei den Trappisten geblieben wäre: dann wäre ich in zwei Jahren Superior gewesen: mit Hilfe der Gnade Gottes hätte ich in diesem Trappistenkloster von Akbes, das durch seine Lage so zur Heiligung der eigenen Mönche und der Bevölkerung der Umgebung geschaffen ist, Gutes tun können. Ich sehe wohl, dass dies eine Versuchung ist; ich habe nichts, was nötig ist, um Superior zu sein, weder Autorität, noch Festigkeit, noch Sicherheit des Urteils, weder Erfahrung, noch Wissen, noch Scharfblick, nichts von alldem … und der Geist der Trappisten, der gegenwärtige Geist, ist keineswegs der meine …

Ich möchte gerne anfangen, Gott zu lieben, aber ach, wie weit bin ich davon entfernt!

Ach, bin ich elend! Wenn Sie wüssten, wie wenig ich vorwärtskomme, wie lau, hochmütig, egoistisch, zerstreut ich bin, wie wenig Nächstenliebe ich habe, wie mich jede Nichtigkeit ablenkt! … In meinen Jahren noch auf dieser Stufe zu sein, nach so vielen Gnaden; ich bin beschämt! … Ich möchte gerne anfangen, Gott zu lieben, aber ach, wie weit bin ich davon entfernt! …

3. Konsequenzen der Spiritualität

a) Eintreten für Menschenwürde und Gerechtigkeit

Auszüge aus Briefen über die Sklaverei [1902][70]

… Was Sie sagen, tue ich den Sklaven gegenüber. Ich bin weit entfernt, ihnen Revolte oder Flucht zu predigen, ich sage: Geduld, Hoffnung. Gott lässt dieses Leid zu um eurer Besserung und eures himmlischen Ruhmes willen; betet zu Gott und heiligt euch: „dem, der das Reich Gottes sucht, wird das Übrige hinzugegeben werden".

Die Sklaverei bei den Menschen und die irdische Heimat gehen rasch vorüber wie das Leben. Denkt an die Sklaverei des Satans und an die ewige Heimat … Doch scheint mir damit und mit der Hilfe, die ich ihnen im Maße des Möglichen gewähre, die Aufgabe noch nicht beendigt. Man muss sagen oder durch einen Zuständigen sagen lassen: „non licet" [„Das ist nicht erlaubt"], „vae vobis hypocritae" [„Wehe euch, ihr Heuchler"], ihr setzt auf eure Briefmarken und überallhin die Worte „Freiheit, Gleichheit, Brüderlichkeit, Menschenrechte" und schmiedet die Ketten der Sklaven, ihr verurteilt Banknotenfälscher zur Galeere und erlaubt, dass Kinder ihren Eltern geraubt und öffentlich verkauft werden; ihr bestraft den Diebstahl eines Huhnes und gestattet den eines Menschen (tatsächlich sind fast alle Sklaven dieser Länder frei geborene Kinder, die durch Überfall ihren Eltern gewaltsam entrissen wurden) …

> Wir sollen uns nicht in die Regierungsgeschäfte einmischen, niemand ist davon überzeugter als ich. Aber wenn die weltliche Regierung eine schwere Ungerechtigkeit begeht, so muss man es ihr sagen.

Und dann muss man „den Nächsten lieben wie sich selbst" und für diese armen Seelen tun, „wie wir wollen, dass uns die Leute tun": verhindern, dass einer von denen, die Gott uns anvertraut hat, verloren geht, und Er vertraut uns alle Seelen unseres Landes an … Wir sollen uns nicht in die Regierungsgeschäfte einmischen, niemand ist davon überzeugter als ich, aber man muss „die Gerechtigkeit lieben und das Unrecht hassen", und wenn die weltliche Regierung eine schwere Ungerechtigkeit gegen die begeht, die uns in einem bestimmten Maße aufgegeben sind (ich bin der einzige Priester der Präfektur in einem Umkreis von 300 km), so muss man es ihr sagen, denn wir repräsentieren auf dieser Erde die Gerechtigkeit und Wahrheit, und wir haben nicht das Recht, „schlafende Wächter", „stumme Hunde", „gleichgültige Hirten" zu sein.

Mit einem Wort, ich frage mich ..., ob man nicht seine Stimme erheben muss, direkt oder indirekt, um Frankreich diese Ungerechtigkeit und den sanktionierten Diebstahl der Sklaven in unseren Gebieten zum Bewusstsein zu bringen ...

Ich habe nicht im Geringsten den Wunsch, zu sprechen oder zu schreiben, aber ich will meine Kinder nicht verraten und versäumen, für Jesus, der in Seinen Gliedern lebt, das Nötige zu tun: Jesus ist in dieser schmerzlichen Situation. – „Was ihr einem dieser Kleinen tut, das tut ihr mir." – Ich will kein schlechter Hirte und kein stummer Hund sein. Ich fürchte mich davor, Jesus meiner Ruhe, meiner großen Vorliebe für Ruhe, meiner Feigheit und meiner natürlichen Furchtsamkeit zu opfern ...

Ich will meine Kinder nicht verraten und versäumen, für Jesus, der in Seinen Gliedern lebt, das Nötige zu tun: Jesus ist in dieser schmerzlichen Situation.

... Lange Details über die schlechte Behandlung der Sklaven in der Saoura und den Oasen zu geben, hieße meines Erachtens die Frage falsch angreifen ... Dass sie schlecht behandelt werden, ist wahr, aber, ob sie gut oder schlecht behandelt werden, hier geht es um das große Übel, die große Ungerechtigkeit an sich, dass sie überhaupt Sklaven sind ...

Die hiesige Sklaverei ist ganz besonders ungerecht; sie ist immer ungerecht: wir sind alle Adamskinder und „Wie du willst, dass dir die andern tun, so sollst du ihnen tun ...". Aber außer dem großen und ungeheuren Unrecht, das jeder Sklaverei zugrunde liegt, tritt hier noch ein besonderer Umstand hinzu: sehr wenige Sklaven sind Sklavensöhne; fast alle sind entführte Kinder, Kinder, die man im Alter von fünf, zehn, fünfzehn Jahren im Sudan oder Touat geraubt hat ... Die französische Behörde sanktioniert hier also nicht nur die Sklaverei, sondern den Kinderraub, die Entführung von Personen ...

Hier handhabt man die Sklaverei mit solcher Strenge, dass diesen Unglücklichen kein Familienleben möglich ist. Heiratet ein Sklave, so gehören die Kinder den Herren der Eltern, die sie, auch wenn sie noch ganz klein sind, verkaufen, sobald es ihnen passt ...

Geliebter und verehrter Vater, ich glaube mich

durch Jesu Wort: „Wie du willst, dass dir die andern tun, so sollst du ihnen tun" verpflichtet, für diese armen Seelen, die meine und noch viel mehr Ihre Kinder sind, zu tun, was ich kann.

… selbst wenn es keine Vorteile hätte und sogar nachteilig wäre, müsste man die Sklaven befreien, weil es ungerecht ist; alle Söhne Adams sind gleich und nahe verwandt – und es entspricht dem göttlichen Prinzip: „Was du willst, dass man dir tue, das sollst du andern tun."

Unter uns gesagt möchte ich noch dies hinzufügen: es besteht fast keine Hoffnung auf eine dauerhafte Bekehrung der Sklaven, solange sie Sklaven sind … Ihre Herren misstrauen mir, und mit Recht …

Kritik am Kolonialismus [1907][71]

… In unserem Algerien tut man sozusagen nichts für die Eingeborenen; die meisten Zivilisten suchen die Bedürfnisse der Einwohner zu steigern, um mehr Gewinn daraus zu ziehen, sie handeln nur aus eigenem Interesse; die Verwaltung liegt in den Händen des Militärs; man kümmert sich nicht um die Eingeborenen und macht keinen ernstlichen Versuch, sie zu fördern; manche finden Geschmack am Leben der Araber und werden halbe Araber; mit Ausnahme der Weißen

Väter zeigt der Klerus so wenig Interesse für die Eingeborenen, als existierten sie nicht. Und selbst die Weißen Väter, die eigens für sie gegründet wurden, finden, dass diese Aufgabe sehr undankbar ist und haben sich den Negervölkern am Äquator zugewandt; dort setzen sie ihre ganze Kraft ein und unterhalten in Algerien nur eine verschwindend kleine Zahl von Missionaren, deren Wirksamkeit gleich Null ist. So haben wir dort seit über siebzig Jahren mehr als drei Millionen Moslems, für deren geistigen Fortschritt man sozusagen nichts tut; die Million Europäer in Algerien lebt völlig abgeschlossen von ihnen, sie haben von dem Land nichts begriffen, ahnen nichts von den Problemen seiner Bewohner, haben keinerlei näheren Kontakt mit der Bevölkerung. Sie betrachten sie immer als Fremde und meist als Feinde … Die Pflichten eines Volkes, das Kolonien hat, sind anderer Art; und jene Brüderlichkeit, die niemand leugnet, schreibt ganz andere Pflichten vor: wir sollen in diesen Völkern zurückgebliebene Brüder sehen, die wir erziehen und deren Geist und Charakter wir so weit wie möglich heben sollen; kurz gesagt, wir sollen ihnen gegenüber unsere Aufgabe als gute Brüder erfüllen …

Im Sudan, in den Kolonien bei den Negern, ist

es noch schlimmer! Ich war nie dort, aber hier in der Nähe vom Sudan kommen Gerüchte zu mir über das, was sich dort zuträgt. Und das Wesentliche, was die meisten von dort Kommenden erzählen, bestätigt nur, dass man dort nichts als niedrige persönliche Interessen verfolgt und oft vor keinem Mittel zurückschreckt; in diesem riesigen, in wenigen Jahren erworbenen Kolonialreich, das für die in der Entwicklung zurückgebliebenen Völker eine unendliche Segensquelle sein könnte, herrscht nichts als Habgier und Gewalt, niemand kümmert sich um das Wohl der Völker ... Jeder, der seinen Katechismus gelesen hat und weiß, dass man seinen Nächsten lieben muss wie sich selbst, weiß wohl auch, welches die Pflichten sind, die ein Volk gegenüber seinen Kolonien hat: aber leider kennen sehr viele Leute den Katechismus nicht, und selbst die, die ihn kennen, brauchten manchmal eine Predigt, die ihnen die Wahrheit eindringlicher vor Augen führt ...

Man kann den Menschen unendlich viel Gutes tun ohne Worte, ohne Predigt, ohne Aufsehen.[72]

b) Missionarisches Engagement unter Muslimen

Mit dem eigenen Leben das Evangelium vor Augen malen [1892][73]

Das Wort ist wichtig, aber Beispiel, Liebe, Gebet sind tausendmal mehr.

Unsere Gegend ist eine Räuberecke. Uns obliegt es, die Zukunft dieses Volkes zu gestalten. Die Zukunft, die einzig wirkliche Zukunft, ist das ewige Leben: dieses Leben ist nur die kurze Prüfung, die das andere vorbereitet. Die Bekehrung dieser Völker hängt von Gott ab, von ihnen und von uns Christen. Gott schenkt immer Gnade in Fülle; sie haben die Freiheit, den Glauben anzunehmen oder nicht anzunehmen. Die Verkündigung des Evangeliums ist schwer in den mohammedanischen Ländern, aber in all den vergangenen Jahrhunderten haben die Missionare noch ganz andere Schwierigkeiten überwunden. Uns obliegt es, die Nachfolger der ersten Apostel zu sein, der ersten Evangelisten. Das Wort ist wichtig, aber Beispiel, Liebe, Gebet sind tausendmal mehr. Geben wir ihnen das Beispiel eines vollkommenen Lebens, eines höheren und göttlichen Lebens; lieben wir sie mit dieser allmächtigen Liebe, die Gegenliebe wirkt; beten wir für sie mit heißem Herzen, um von Gott ein Übermaß an Gnaden für sie zu erwirken, dann werden wir sie unfehlbar bekehren.

Die Muslime als Brüder [1896][74]

Genesis 25,1-18

Mein Gott, von all Deinen Lehren scheint mir die eindrücklichste, dass wir mit unsern Brüdern einig sein sollen. Wir sehen die Einigkeit der Söhne Abrahams, sie zeigt sich beim Tode Abrahams, dann bei Ismaels Tod ... Dennoch stammten diese Brüder von Müttern verschiedenen Ranges, lebten weit entfernt voneinander und waren von ihrem Vater sehr ungleich bedacht worden ... Trotzdem, wie einig sind sie! ... Auch wir sollen mit allen Brüdern einig sein, mögen sie noch so weit von uns entfernt sein, mag das Los, das Gott ihnen zuteilte, auch anders sein als das unsere ... Als Söhne Isaaks durch den Glauben sind wir Erben aller Güter des himmlischen Vaters ...

Aber es ist uns aufgegeben, die weniger begünstigten, in alle Winde zerstreuten Brüder zu lieben, ihnen unsern Reichtum zugänglich zu machen, sie zu bitten, mit uns einig zu sein, uns als Brüder zu betrachten. Rufen wir sie, schließen wir Brüderschaft mit ihnen! Wir haben –

und hierin sind wir glücklicher als Isaak – unendliche Reichtümer zu vergeben und werden dabei nicht ärmer; im Gegenteil, je mehr wir geben, umso reicher werden wir (sodass Geben letzten Endes das einzige Mittel für uns ist, wodurch wir uns bereichern können). Lasst uns also geben, unsern ganzen Reichtum mit den Brüdern teilen, mit den Söhnen Ismaels, die so arm sind. Je mehr wir verschenken, umso reicher werden wir …

Lasst uns also geben, unsern ganzen Reichtum mit den Brüdern teilen, mit den Söhnen Ismaels, die so arm sind. Je mehr wir verschenken, umso reicher werden wir.

Lasst uns Ismaels Söhne als Brüder ansehen: ahmen wir unsern Vater Isaak nach, lieben wir sie brüderlich, teilen wir all unsere Güter mit ihnen: eilen wir, sie ihnen anzubieten und sie flehentlich um ihre Annahme zu bitten.

Plan zur Missionierung Marokkos [1902][75]

… Mein Leben geht weiter, immer dasselbe: nach außen hin sehr viel zu tun, und doch sehr ruhig: jeden Tag dasselbe, Arme, Kranke, die nacheinander kommen; innerlich werfe ich mir vor, dass ich dem Gebet und den rein geistigen Dingen nicht genügend Zeit widme; tagsüber hört es nicht auf, an meine Tür zu klopfen, und nachts, wo die Zeit günstig wäre, schlafe ich elendiglich ein. Es ist eine Schande und eine Pein für mich, dass der Schlaf mehr Raum einnimmt, als ich möchte; ich habe keine Zeit für ihn, aber er nimmt sie sich.

Es geht mir sehr gut: tadellose Gesundheit nach der kleinen Übermüdung im letzten Herbst …

Seit einiger Zeit und täglich immer mehr und mehr lässt mich der Gedanke an Marokko und seine zehn Millionen Einwohner nicht los, der Gedanke an all diese Ungläubigen, an dieses ansehnliche Volk, das gänzlich verlassen ist. Es gibt dort keinen Priester, keinen Missionar. In den Hafenstädten, wo es spanische Konsulate gibt, Kapläne für das Konsulat, das ist alles: im Innern des Landes, das so groß wie Frankreich ist, kein Altar, kein Priester, kein Ordensmann; die Weihnacht geht dort vorüber ohne Messe, ohne dass ein Mund, ein Herz den Namen Jesus ausspricht. Mit vollem Recht kann man sagen: Betet für Frankreich, das verloren geht! Aber so schmerzlich die Unordnung in Frankreich ist, was ist es im Vergleich zu dieser Nacht, dieser Trauer Marokkos! … Ich denke Tag und Nacht daran, und ich bete … Meine Gebete vor dem Tabernakel, bei der heiligen Messe gehen dorthin …, nicht nur: ich vergesse die anderen Anliegen nicht, aber das besondere Anliegen, das eigentliche, ist vor allem dieses, mehr und mehr dieses …

Dieser Gedanke verlässt mich nicht. Im Übrigen bin ich in völliger Dunkelheit bezüglich dessen, was man tun könnte, um den Stern der Weisen in dieser Nacht aufleuchten zu lassen: beten, mich heiligen, im Augenblick sehe ich nur das, aber auch das Kreuz umarmen, mehr als ich es bisher tat. Um es den andern zu bringen, muss man es zuerst selbst aufgenommen haben, und ich habe noch nicht angefangen; Gebet, Heiligung, Leiden, damit müsste ich beginnen, damit Jesus später etwas aus mir machen kann …

Um anderen das Kreuz zu bringen, muss man es zuerst selbst aufgenommen haben.

Bei den Tuareg [1904][76]

… Gott hat mir die große Gnade geschenkt, dass ich seit vier Monaten in einem Land sein darf, das bisher der heiligen Hostie und dem heiligen Evangelium verschlossen war. Ich tue hier, was ich kann: mit sehr viel Vorsicht und sehr viel Takt bemühe ich mich, das Vertrauen der Eingeborenen, der Tuareg, zu gewinnen, sie an mich zu gewöhnen, in Freundschaft mit ihnen zu leben … ich säe, andere werden ernten.

Ich kann jeden Tag das heilige Messopfer feiern ... Ich übersetze die vier Evangelien in die Tuaregsprache ... Aus allen Kräften suche ich den armen, verirrten Brüdern zu beweisen, dass unsere Religion ganz Liebe, ganz Brüderlichkeit, dass ihr Wahrzeichen ein Herz ist.

Ich lebe in den Tag hinein ... solange ich diesem Land nützlich sein kann und nicht von anderen ersetzt werde, bleibe ich hier ... Denn auf diesem Posten muss jemand sein ...

Ich mache mir dies zur Regel: das tun, was ich als sehr nützlich für die Seelen erachte und was andere infolge der Umstände nicht tun können ... Ich denke also, in diesem Land zu bleiben, solange ich hier geduldet werde, solange ich nicht ersetzt werde, solange ich nutzbringend im Reiche Jesu arbeiten kann ... Augenblicklich bin ich dort Nomade, unter dem Zelt und wechsle ständig den Ort: das ist für den Anfang sehr gut, denn auf diese Weise lerne ich viele Leute und Gegenden kennen. Sobald ich aber irgendwo einen festen Wohnsitz aufschlagen kann, werde ich es tun; denn ich glaube, es entspricht meiner Berufung, und das Umherziehen darf für mich nur etwas Gelegentliches sein; ich werde dann in einem Winkel des Tuareglandes das Leben von Nazareth führen, solange man mich dort duldet und ich nicht anderswo nützlicher sein kann;

nützlich bin ich ja nirgends … Ich bleibe, solange ich glaube, dass es der Wille Jesu ist und solange man mich duldet.

Geliebter Vater, niemand weiß besser als Sie, wie viel Gutes hier zu tun ist; niemand kennt besser als Sie die Nöte Ihres armen kleinen Kindes, das so feige, so schwach, so lässig, so egoistisch, so eitel, so sinnenhaft, so wenig innerlich, ach, so lau und so wenig treu ist … ich flehe Sie an: beten Sie für mich! Ich bitte Sie auch, für die Völker der Sahara und Marokkos, insbesondere für die Tuareg, zu beten. Endlich bitten Sie den guten Gott, dass Er heilige und zahlreiche Arbeiter in diesen Teil Seines Feldes schicke, dass Er mir, wenn Er will, Gefährten schicke …

Aus allen Kräften suche ich den armen, verirrten Brüdern zu beweisen, dass unsere Religion ganz Liebe, ganz Brüderlichkeit, dass ihr Wahrzeichen ein Herz ist.

c) Leben unter offenem Himmel

„Selig sind die Armen im Geist" [1898][77]

Lukas 6,20-22

[Jesus selbst:] „Noch viel seliger jene, welche die Armut des Geistes besitzen, die nicht nur alle materiellen Güter weit von sich wirft – dies ist der erste Grad der Armut –, sondern viel weiter geht: die Seele leer machen von jeder Anhänglichkeit, jeder Vorliebe, jedem Wunsch, jedem Verlangen, das nicht Mich zum Ziel hat. Diese geistige Armut schafft eine vollkommene Leere in der Seele, da sie ihr alle Liebe zu den materiellen Dingen und gleicherweise die Liebe zu den Menschen und zu sich selbst wegnimmt, alles, alles, alles aus ihr verjagt und nur noch einen ganz leeren Platz lässt, den Ich ganz und gar einnehme und den die geistig Armen ganz und gar Mir überlassen …

Und Ich gebe ihnen die Nächstenliebe, die Liebe zu sich selbst und zu den Geschöpfen, die sie aus ihrer Seele vertrieben haben, um Mir den ganzen Platz zu überlassen, vergöttlicht zurück. Sie verjagten eine Liebe aus ihrer Seele. Ich allein nehme den Raum ihrer Seele ein, die von allem entleert, aber von Mir erfüllt ist; in Mir, im Hinblick auf Mich beginnen sie wieder, alle Dinge zu lieben, nicht mehr für sich oder um der Dinge selbst willen, sondern um Meinetwillen, und das ist die geordnete Liebe. Sie werden alle Wesen im Hinblick auf Mich lieben, keines um seiner selbst willen; denn all ihre Liebe gehört Mir: sie sollen sich in Mich verlieren und alles nur durch Mich, im Hinblick auf Mich besitzen, die Liebe und alles Übrige. Selig, die so arm im Geiste sind, so leer von allem, so voll von Mir!“

Vereinigung mit Jesus in den verschiedenen Abschnitten Seines irdischen Lebens [1898][78]

„Ich bin immer noch in der gleichen Seelenverfassung … immer voller Freude, voll von überströmendem Glück zu Füßen des Herrn … Ich koste dieses einfache Leben zutiefst aus … diese langen, einsamen Stunden, die ich einfach mit Beten und Lesen verbringe … Ich bin ganz verwirrt und staune, wie Gott meine Seele führt … Ich sehe, wie gut mir der Aufenthalt hier tut und wie nötig er mir war … Ich gehe ganz auf in diesem Frieden, ich versinke in ihm … und ich bin zutiefst erstaunt, dass die Lektüre und die Theologie mich keineswegs von der Vereinigung mit Jesus ablenken, sondern mich noch tiefer in sie hineinführen …

Ich staune, wie Gott meine Seele führt.

Mein inneres Leben ist die Vereinigung mit Jesus in den verschiedenen Abschnitten Seines Erdenlebens … bis morgen bin ich in Bethlehem … morgen früh gehe ich in den Tempel … morgen Abend, in der Nacht, breche ich auf nach Ägypten … bis zum Aschermittwoch bin ich unterwegs mit der Heiligen Familie … dann werde ich mit unserm Herrn in die Wüste gehen … Einen Monat vor dem Ende der Fastenzeit werde ich zur Auferweckung des Lazarus in Bethanien sein und unsern Herrn während der letzten Wochen Seines Lebens begleiten, und dann die Apostel bis Himmelfahrt und bis Pfingsten … Von Pfingsten bis zum Advent arbeite und bete ich in Nazareth mit der Heiligen Familie …

So ist mein Jahreslauf … und ich bleibe so viel wie möglich zu Füßen des Allerheiligsten: Jesus ist da … mir ist, als sei ich dort mit Seinen Eltern, als säße ich wie Magdalena in Bethanien zu Seinen Füßen … Ich versuche, diese Gnaden, diese Seligkeit, diesen Frieden, die reine Luft, die ich atme, diese wohltuende Einsamkeit, dieses gesunde Klima auszunutzen, um zu betrachten, zu lesen und mich von Gott formen zu lassen …

„Träume einer Nacht" [1899][79]

… Messen wir doch den Ereignissen dieses Lebens und den irdischen Dingen keine Bedeutung zu: es sind Träume einer Nacht, die wir in der Herberge verbringen, es wird so schnell vergehen wie Traumbilder und ohne mehr Spuren zu hinterlassen als diese …

Was bleibt uns in der Stunde unseres Todes außer unseren Verdiensten und unseren Sünden?

Sehen wir doch die Dinge, wie sie sind, in diesem klaren Licht des Glaubens, das unsere Gedanken mit so hellem Glanz erleuchtet, das uns die Dinge mit so anderen Augen sehen lässt als jene armen, weltverstrickten Seelen … Wie erhebt uns der Glaube, die Gewohnheit, die Dinge im Lichte des Glaubens zu sehen, über das Nebelgewölk und den Schlamm dieser Welt! Wie versetzt uns das doch in eine andere Atmosphäre, ins helle Sonnenlicht, in den vollen Glanz, in eine heitere Ruhe, in einen leuchtenden Frieden über den Regionen der Wolken, der Winde und der Stürme, jenseits des Bereichs von Dämmerung und Nacht … Leben wir aus dem Glauben, glauben wir an das, was wir in der Gnade erhoffen, bis wir es besitzen in der Herrlichkeit, und lieben wir Ihn, der ‚unser unendlich großer Lohn sein wird' in jedem Augenblick unseres Daseins, in der Zeit und in der Ewigkeit!

Sehen wir doch die Dinge, wie sie sind, in diesem klaren Licht des Glaubens, das unsere Gedanken mit so hellem Glanz erleuchtet, das uns die Dinge mit so anderen Augen sehen lässt …

„Fürchte dich nicht, du kleine Herde" [1897–1899][80]

„Fürchte dich nicht, du kleine Herde, denn eurem Vater hat es gefallen, euch ein Reich zu geben …" – Lukas 12,32

… Nur noch zwei Schritte, noch zwei Tage trennen uns vom Himmelreich: es gehört uns, es ist uns bereitet, an uns ist es, die zwei Schritte zu tun, die uns noch davon trennen.

Ja, wir besitzen ein Reich, das Reich der Himmel. Verhaften wir uns also nicht an die Dinge dieser Erde, die so wenig einem Reiche gleichen: ein bisschen Staub, ein wenig Nahrung, ein wenig Wolle, diese oder jene Not, das bietet uns die Erde.

Welch ein Wahnsinn, uns daran zu hängen, da wir Könige sind, da wir das Himmelreich besitzen!

Vorbereitung auf das Martyrium [1897][81]

[Jesus selbst:] „Dein Denken an den Tod: Denke, dass du als Märtyrer sterben musst, von allem entblößt, auf die Erde hingestreckt, nackt, unkenntlich, voll Blut und Wunden, einen gewaltsamen und schmerzhaften Tod erleidend … und wünsche, es möchte heute geschehen … Damit Ich dir diese unendliche Gnade zuteil werden lasse, sei treu im Wachen und im Kreuztragen. Denke daran, dass dein ganzes Leben auf diesen Tod ausgerichtet sein muss: erkenne dadurch, wie unwichtig so manche Dinge sind. Denke oft an einen solchen Tod, um dich darauf vorzubereiten und die Dinge nach ihrem wahren Wert zu beurteilen."

Bereitschaft zum Martyrium [Fassung 1913][82]

„Ergänzen, was an Seinem Leiden zu ergänzen ist."

Die Kleinen Brüder mögen jeden Tag bedenken, dass eine der Wohltaten, mit denen Jesus, ihr Bräutigam, sie so überreich beschenkt hat, die Möglichkeit, die begründete Hoffnung ist, dass sie ihr Leben mit dem Märtyrertod beschließen. Sie sollen sich unablässig auf dieses glückselige Ende vorbereiten: sie sollen jeden Augenblick so handeln, wie es Seelen geziemt, die durch die Güte des Bräutigams berufen sind, diesen Gnadenerweis – vielleicht bald – zu empfangen …

In Jesus, durch Jesus, wie Jesus, für Jesus!

Sie sollen durch ihr Verlangen, ihr Gebet den gesegneten Augenblick herbeirufen, in dem sie dem Geliebten das „Zeichen der größten Liebe geben"; möchten sie zu jeder Stunde dieser

Berufung würdig sein ... Ist der Augenblick gekommen, möchten sie dann ohne eine Spur von Abwehr (es ist uns untersagt, Waffen zu besitzen, zu tragen, zu gebrauchen) – Ihn nachahmen und – „wie Schafe unter den Wölfen", sanftmütig wie das göttliche Lamm, demütig, überströmend von Dankbarkeit und für ihre Verfolger betend, willens, durch ihren Tod Jesus „ergänzen zu lassen, was an Seinem Leiden zu ergänzen ist", sich Ihm aufopfernd zu Seiner größeren Verherrlichung, in jeglicher Meinung, in der Er selbst sich auf Golgotha opferte, indem sie das Opfer ihres Lebens mit dem Seinen in Frieden, Lobpreis und Liebe vereinigen, indem sie Ihn in ihrer letzten Stunde mehr denn je in sich leben und wirken lassen, glückselig dass sie, die durch ihre Berufung geweiht sind, Ihm nachzufolgen, Ihn in ihrem Tod nachahmen dürfen wie im Leben – ihr Blut vergießen und ihre Seelen aushauchen in Jesus, durch Jesus, wie Jesus, für Jesus!

Gebet der Hingabe[83]

Mein Vater,
ich überlasse mich Dir ganz und gar,
tue mit mir, was Dir gefällt.
Was immer Du mit mir tust, ich danke Dir.
Ich bin zu allem bereit, ich nehme alles hin,
wenn nur Dein Wille sich in mir erfülle
und in allen Deinen Geschöpfen …
Ich wünsche nichts anderes, mein Gott.
Ich lege meine Seele in Deine Hände,
ich schenke sie Dir, mein Gott,
mit der ganzen Liebe meines Herzens,
weil ich Dich liebe
und es mich aus Liebe danach verlangt,
mich zu geben,
mich in Deine Hände zu geben,
ohne Maßen,
mit unendlichem Vertrauen,
denn Du bist mein Vater.

Anmerkungen

1 Vgl. dazu: René Voillaume, *Mitten in der Welt. Das Leben der Kleinen Brüder Jesu von Pater de Foucauld,* 3. Auflage, Freiburg 1957.

2 Zit. Nach Charles de Foucauld, Aufzeichnungen und Briefe, Hrsg. Von Jean-Francois Six. Ins Deutsche übertragen von Yvonne Gräfin von Kanitz, © Verlag Herder, Freiburg im Breisgau, 2. Auflage 1962 (Aufzeichnungen); 20.

3 Vgl. dazu Six, Aufzeichnungen, 22.

4 Michel Carrouges, *Charles de Foucauld. Forscher und Beter*, 4. Auflage, Freiburg u.a. 1958 (Foucauld), 34.

5 Foucauld, 103.

6 Brief vom 14.8.1902, zit. nach: Aufzeichnungen, 19.

7 Foucauld, 114.

8 Aufzeichnungen, 61.

9 Foucauld, 171f.

10 Brief vom 8.4.1905, zit. nach Aufzeichnungen, 157.

11 Foucauld, 283.

12 Foucauld, 290.

13 A. a. O.

14 Foucauld, 343.

15 Foucauld, 358.

16 Karl Rahner, *Schriften zur Theologie,* Bd. 7, Einsiedeln u.a. 1966, 22.

17 Aufzeichnungen, 65.

18 Aufzeichnungen, 61.

19 Aufzeichnungen, 100.

20 *Die Schriften von Charles de Foucauld*, zusammengestellt von Denise Barrat, Einsiedeln u.a. 1961 (Schriften), 136.

21 Schriften, 56.

22 Aufzeichnungen, 78f.

23 Aufzeichnungen, 79.

[24] Aufzeichnungen, 34f.

[25] Bereits vor über 20 Jahren hat der Heidelberger Theologe Theo Sundermeier in diesem Zusammenhang das Stichwort „Konvivenz“ in die missionswissenschaftliche Diskussion eingebracht (ders., *Konvivenz als Grundstruktur ökumenischer Existenz heute*, München 1986).

[26] Schriften, 393.

[27] Schriften, 61f.

[28] Schriften, 465f.

[29] Aufzeichnungen, 65.

[30] Aufzeichnungen, 75.

[31] Aufzeichnungen, 178.

[32] Aufzeichnungen, 239.

[33] Schriften, 56f.

[34] Schriften, 170-173.

[35] Schriften, 361-365.

[36] Schriften, 54-56.

[37] Schriften, 394.

[38] Schriften, 72-74.

[39] Aufzeichnungen, 71.

[40] Aufzeichnungen, 78-80.

[41] Aufzeichnungen, 61f; 99f.

[42] Schriften, 74f.

[43] Schriften, 106f.

[44] Schriften, 126.

[45] Schriften, 127f.

[46] Schriften. 366-369. 396f.

[47] Ebd.

[48] Schriften 281. 283-288. Diese Kongregation hat es zu Lebzeiten Charles de Foucaulds nie gegeben. Er hat jedoch die Konstitution für die von ihm ersehnte Gemeinschaft über Jahre hin be- und überarbeitet.

[49] R. Frische, *Wasser aus der Wüste. Worte aus dem Leben von Charles de Foucauld*. Gießen 1983, (Worte), 72.

[50] Schriften, 380-381. 382-389.

[51] Worte, 90.
[52] Schriften, 294-298.
[53] Aufzeichnungen, 207-209.
[54] Schriften, 137.
[55] Schriften, 133.
[56] Schriften, 63f.
[57] Schriften, 69f.
[58] Schriften, 132f.
[59] Schriften, 64f.
[60] Schriften, 65f.
[61] Schriften, 116.
[62] Schriften, 122.
[63] Schriften, 130f.
[64] Schriften, 131f.
[65] Aufzeichnungen, 108.
[66] Schriften, 135f.
[67] Schriften, 47f.
[68] Schriften, 49f.
[69] *Charles de Foucauld – Abbé Huvelin. Briefwechsel*, hg. von Jean Francois Six, Salzburg 1961 (Briefwechsel), 68f. 107. 192f. 246f.
[70] Schriften, 318-320. 323-325.
[71] Aufzeichnungen, 198-200.
[72] Worte, 71.
[73] Aufzeichnungen, 34f.
[74] Schriften, 54.
[75] Schriften, 369-371.
[76] Schriften, 373f.
[77] Schriften, 109f.
[78] Aufzeichnungen, 126f.
[79] Aufzeichnungen, 144.
[80] Schriften, 466.
[81] Aufzeichnungen, 64.
[82] Schriften, 461f.
[83] Zit. nach Foucauld, 359.

Wir danken dem Herder Verlag, Freiburg, für die freundliche Genehmigung zum Abdruck der Auszüge aus: Charles de Foucauld, Aufzeichnungen und Briefe. Hrsg. Von Jean-Francois Six. Ins Deutsche übertragen von Yvonne Gräfin von Kanitz, © Verlag Herder, Freiburg im Breisgau, 2. Auflage 1962.

Trotz sorgfältiger Recherche ist es nicht in allen Fällen gelungen, die Rechteinhaber der verwendeten Übersetzungen ausfindig zu machen.

Der Autor

Prof. Dr. Peter Zimmerling, geb. 1958, ist Professor für Praktische Theologie mit Schwerpunkt Seelsorge an der Universität Leipzig. Er ist Autor zahlreicher Bücher.